초등 통째로 이해되는 세계사

통째로 이해되는 세계사 ⑩
국제 분쟁과 현대 사회 20세기~오늘날

초판 1쇄 발행 | 2017년 2월 8일
초판 5쇄 발행 | 2021년 11월 29일

글 | 김상훈
그림 | 최현묵
감수 | 남동현 (경기도 중등역사과교육연구회), 채효영 (국립한국교통대학교 교양학부 외래 교수)

펴 낸 곳 | (주)가나문화콘텐츠
펴 낸 이 | 김남전
편 집 장 | 유다형
편   집 | 이보라 김아영
외 주 편 집 | 이정화 유지은
디 자 인 | 정란
마 케 팅 | 정상원 한웅 정용민 김건우
관   리 | 임종열

출 판 등 록 | 2002년 2월 15일 제10-2308호
주   소 | 경기도 고양시 덕양구 호원길 3-2
전   화 | 02-717-5494(편집부) 02-332-7755(관리부)
팩   스 | 02-324-9944
홈 페 이 지 | www.ganapub.com

ISBN 978-89-5736-896-1 (74900)
ISBN 978-89-5736-750-6 (세트)

*책값은 뒤표지에 표시되어 있습니다.
*이 책의 내용을 재사용하려면 반드시 (주)가나문화콘텐츠의 동의를 얻어야 합니다.
*잘못된 책은 구입하신 서점에서 바꾸어 드립니다.

*'가나출판사'는 (주)가나문화콘텐츠의 출판 브랜드입니다.

「이 도서의 국립중앙도서관 출판시도서목록(CIP)은 서지정보유통지원시스템 홈페이지(http://seoji.nl.go.kr)와 국가자료공동목록시스템(http://www.nl.go.kr/kolisnet)에서 이용하실 수 있습니다.(CIP제어번호: CIP2017000984)」

• 제조자명 : (주)가나문화콘텐츠
• 주소 및 전화번호 : 경기도 고양시 덕양구 호원길 3-2 / 02-717-5494
• 제조연월 : 2021년 11월 29일
• 제조국명 : 대한민국
• 사용연령 : 4세 이상 어린이 제품

가나출판사는 당신의 소중한 투고 원고를 기다립니다. 책 출간에 대한 기획이나 원고가 있으신 분은 이메일 ganapub@naver.com으로 보내주세요.

한국사까지 저절로 공부되는
역사 이야기

초등 통째로 이해되는 세계사 ⑩

국제 분쟁과 현대 사회
20세기~오늘날

글 김상훈 그림 최현묵
감수 남동현 (경기도 중등역사과교육연구회)

현대 사회와 미래 세계

역사의 시대는 보통 고대, 중세, 근대, 현대의 네 단계로 나누어요. 때로는 중세에 이어 근대가 시작되기 전의 시기를 하나 더 구분해 고대, 중세, 근세, 근대, 현대의 다섯 단계로 나누기도 하지요.

시대를 어떻게 나눌 것이냐는 나라와 지역별로 조금씩 달라요. 우리나라의 예를 들자면, 일본에 문호를 개방한 19세기 후반부터를 근대로 보는 학자들이 많아요. 이렇게 시대를 나눈다면 우리나라에서는 19세기 후반에 근대 시대가 시작된 셈이에요. 유럽에서는 이미 17세기부터 근대 시민 혁명이 일어났으니, 유럽이 우리보다 앞서 근대가 시작되었다고 할 수 있지요.

이 책에서는 지금 우리가 살아가는 시대, 즉 현대의 역사에 대해 공부할 거예요. 그렇다면 현대는 언제부터 시작되었을까요?

현대의 시작을 언제부터로 보는가에 대해서도 지역별로 기준이 달라요. 대체로 아시아에서는 제2차 세계 대전이 끝난 1945년 이후부터를 현대로 보고 있어요. 다만 중국은 사회주의 국가로 바뀌는 1949년 무렵부터를 현대로 보고 있지요. 유럽도 제2차 세계 대전이 끝난 1945년 이후부터를 현대로 정하는 학자들이 가장 많답니다. 이 책에서도 그 기준을 따를 거예요.

현대에도 많은 사건들이 발생했어요. 사회주의와 자본주의 국가들이 두 편

으로 나뉘어 대결을 벌였지요. 이 시기를 냉전 시대라고 해요. 냉전 시대의 결과가 어떻게 되었는지는 이 책을 읽다 보면 잘 알 수 있을 거예요.

중동 지역에서는 수많은 전쟁이 일어났어요. 아랍 인들과 이스라엘의 갈등에서 비롯된 이 전쟁은 지금까지도 완전히 해결되지 않고 진행 중이에요.

우리가 역사를 공부하는 이유는, 과거의 역사를 공부함으로써 더 나은 현재와 미래를 만들기 위해서예요. 그러니 역사 공부의 가장 마지막 목표는 미래를 계획하는 거예요. 오늘날 지구촌이 겪고 있는 문제점들이 무엇인지 알고, 그것을 어떻게 해결할 수 있는지를 고민해 보아야 하지요.

현재의 문제점은 아주 다양해요. 전쟁과 테러는 여전히 인류의 미래를 위협하는 가장 큰 적이에요. 또 세력을 키우려는 여러 나라들이 영토를 두고 갈등을 벌이고 있어요. 이런 영토 분쟁도 세계 평화를 위협하는 커다란 위험 요소이지요. 인종과 민족을 차별해서도 안 돼요. 새로이 떠오르는 환경 문제는 모든 인류에게 닥친 큰 숙제예요. 이 책의 마지막에서는 행복한 미래를 위해 해결해야 할 여러 문제점을 다루었어요. 그것들에 대처할 방법은 과연 무엇일까요?

이제, 현대의 역사 속으로 들어가 자세히 살펴볼까요?

지도 연표로 한눈에 정리 쏙! **국제 분쟁과 현대 사회**

유럽
- 1996년 복제 양 돌리 태어남
- 1993년 유럽 연합(EU) 출범
- 1990년 동독과 서독 통일

아시아
- 1948년 이스라엘 건국
- 1991년 걸프 전쟁 시작
- 1966년 중국, 문화 대혁명 시작
- 2011년 일본, 후쿠시마 원전 폭파 사고
- 1980년 5·18 광주 민주화 운동
- 1964년 통킹 만 사건, 미국 베트남 전쟁 개입

아프리카
- 2010년 튀니지, 재스민 혁명 일어남
- 1994년 남아프리카 공화국, 넬슨 만델라 대통령 당선

인도양

오세아니

용어로 한번에 정리 쏙!

〈국제 분쟁과 현대 사회〉를 읽을 때 나오는 세계사 용어예요. 20세기 중반부터 오늘날까지의 역사가 펼쳐져요. 이 책을 읽기 전에 세계사 용어를 익혀 두면 훨씬 재미있을 거예요.

냉전 시대

직접적으로 무력을 사용하지 않고, 경제·외교·정보 등을 수단으로 하는 국제적 대립 시대를 말해요. 제2차 세계 대전 이후에 세계는 자본주의 진영과 공산주의 진영으로 나뉘어 날카롭게 대립했어요. 이런 상황을 차가운 전쟁이라는 뜻으로 '냉전'이라고 해요. 미국과 서유럽은 '북대서양 조약 기구(NATO)'를, 소련과 동유럽 국가들은 '바르샤바 조약 기구(WTO)'를 만들어 대립했어요. 냉전으로 독일은 동독과 서독으로 나뉘고, 우리나라에서는 6·25 전쟁이 일어났어요. 냉전 시대는 1991년 소련의 해체로 사실상 끝이 났어요.

문화 대혁명

1966년에 중국에서 시작된, 대규모 사상·정치 투쟁의 성격을 띤 권력 투쟁이에요. 마오쩌둥과 린뱌오 등은 류사오치 국가 주석 등 당과 행정부 간부를 자본주의의 길을 걷는 실권파로 몰아 숙청했어요. 또 학생들로 이루어진 홍위병을 내세워 마오쩌둥의 사상을 찬양하게 했어요. 문화 대혁명 기간 동안 중국은 문화가 파괴되고 사회 전체가 큰 피해를 입었어요. 문화 대혁명은 마오쩌둥이 사망한 1976년에 끝났어요.

베를린 장벽 **1961년에 동독이 동·서 베를린 사이에 세운 벽**이에요. 독일이 동독과 서독으로 나뉜 뒤 많은 동독 사람들이 동베를린을 거쳐 서베를린으로 넘어갔어요. 그러자 이를 막기 위해 동독 정부가 동베를린과 서베를린 사이에 40여 킬로미터(km)에 이르는 길고 높은 콘크리트 장벽을 쌓았어요. 베를린 장벽은 소련의 사회주의 체제가 무너지고 독일 통일이 추진되면서 1989년에 부서졌어요.

석유 파동 **석유 공급 부족과 석유 가격 폭등으로 세계 경제가 큰 혼란과 어려움을 겪은 일**을 말해요. 석유 파동은 두 차례에 걸쳐 전 세계를 휩쓸었어요. 첫 번째는 1973년에 아랍 국가와 이스라엘 사이에 전쟁이 일어나자 아랍 산유국들이 석유 생산을 줄이고 가격을 올려 이스라엘을 돕는 미국을 압박하면서 일어났어요. 두 번째는 1979년의 이란 혁명 이후예요. 이란이 국내의 정치 및 경제적인 혼란을 이유로 석유 생산을 크게 줄이고 수출을 중단하면서 일어났어요.

세계 무역 기구 **1995년에 세계 무역 질서를 세우고 전 세계의 경제 발전을 목적으로 만든 경제 기구**예요. 국가 간 경제 분쟁에 대해 판결할 수 있는 권리와 그 판결을 강제로 집행할 수 있는 권리가 있어요. 또 세계 무역 분쟁 조정, 관세 인하 요구, 반덤핑 규제 등의 법적인 권한과 구속력을 행사할 수도 있어요.

신탁 통치   **제2차 세계 대전 후, 국제 연합의 위임을 받은 나라가 다른 나라의 일정한 지역을 대신 통치하는 제도**를 말해요. 스스로 나라를 다스릴 능력이 부족해 정치적 혼란이 우려되는 지역을 일정 기간 책임지고 통치하여 안정적인 정치 질서를 세우는 데 도움을 주는 것이 목적이에요. 우리나라도 해방 후에 열린 모스크바 3국 외상 회의에서 신탁 통치 대상 나라로 논의되었어요. 하지만 신탁 통치가 이루어지지는 않았어요.

아파르트헤이트   **인종에 따라 사회적인 여러 권리를 차별하는 정책**을 말해요. 아파르트헤이트는 '분리'를 뜻하는 남아프리카 공화국 말이에요. 아파르트헤이트에 따라 남아프리카 공화국에서는 백인과 유색 인종이 사는 곳이 나뉘어 있었고, 다른 인종과는 결혼할 수 없었으며, 투표권도 주지 않았어요. 1994년에 넬슨 만델라가 남아프리카 공화국의 대통령이 되면서 아파르트헤이트는 폐지되었어요.

우익과 좌익   **우익은 변화보다는 안정을 강조하는 보수적인 경향이나 단체**를 뜻해요. **좌익은 급진적이거나 사회주의적인 경향이나 단체**를 뜻하지요. 우익과 좌익이라는 말은 프랑스 혁명이 일어난 뒤에 나왔어요. 1792년 프랑스 국민 회의에서 의장을 기준으로, 오른쪽 자리에는 온건파인 지롱드당이 앉고 왼쪽 자리에는 급진파인 자코뱅당이 앉은 데서 나온 말이에요.

유럽 연합

유럽의 정치 통합과 경제 및 통화 통합을 위해 맺은 마스트리흐트 조약을 배경으로 만든 기구예요. 유럽 연합은 '이유(EU: European Union)'라고도 해요. 유럽의 경제와 사회 발전을 목적으로 1993년에 유럽 12개국이 참가해 만들었어요. 회원국들은 유럽 중앙은행에서 만든 화폐인 '유로'를 사용해요. 또 회원국 사람들은 어느 나라에서든 원하는 직장을 가질 수 있어요. 하지만 2000년대부터 서유럽에 비해 가난한 동유럽 국가들이 가입하면서 나라 간의 경제적 수준 차이가 커져 통합에 어려움이 생겼어요. 2016년에는 영국이 유럽 연합 탈퇴를 결정했어요.

인티파다

가자 지구와 요르단 강 서안, 예루살렘에 사는 팔레스타인 사람들이 이스라엘에 대해 벌이는 저항 운동이에요. 인티파다는 아랍 어로 '민중 봉기'라는 뜻이지요. 1987년에 이스라엘 군 차에 치여 팔레스타인 사람 4명이 사망한 사건을 계기로 시작되었는데, 이것이 1차 인티파다예요. 이 사건으로 팔레스타인 문제가 전 세계의 관심을 끌게 되었고, 그 결과 1996년에 팔레스타인 자치 정부가 꾸려졌어요. 2차 인티파다는 2000년에 일어났어요. 당시 이스라엘의 샤론 총리가 무슬림의 성지인 알아크사 사원을 방문했는데, 이에 항의하던 팔레스타인 사람들을 이스라엘이 진압하면서 시작되었어요. 그 후 팔레스타인 사람들의 테러와 이스라엘의 보복이 거듭되면서 갈등의 불씨가 남아 있어요.

제3세계 제2차 세계 대전이 끝난 뒤 독립한 아시아와 아프리카, 라틴 아메리카의 여러 나라 중 자본주의 진영과 공산주의 진영의 어느 쪽에도 가입하지 않은 나라들을 말해요. '비동맹 세력'이라고도 해요.

중동 유럽의 관점에서 본 동아시아와 유럽과 가장 가까운 아시아의 서쪽 중간 지역을 말해요. 제2차 세계 대전 후에 널리 쓰게 된 말이에요. 오늘날에는 아시아 남서부와 북아프리카의 북동부 지역을 두루 일컫지요. 중동은 세계 최대의 석유 공급지이며 대부분 이슬람교를 믿어요.

팔레스타인 아시아 서쪽, 지중해 동남쪽 기슭에 있는 지방을 말해요. 기원전 1500년 무렵 이 지역에는 유대 인이 살았어요. 그런데 서기 70년 무렵 로마 제국이 유대 인들을 팔레스타인에서 쫓아냈어요. 그 후 아랍 인들이 들어와 살게 되었지요. 1948년에 유대 인들이 팔레스타인 지역에 이스라엘을 세우고, 남은 지역은 요르단과 이집트로 갈라졌어요. 지금은 주로 팔레스타인 자치 정부 구역인 서안 지구와 지중해 연안에 위치한 가자 지구를 가리킬 때 팔레스타인이라고 해요.

간단 테스트

❶ 제2차 세계 대전 이후에 직접적으로 무력을 사용하지 않고, 경제·외교·정보 등을 수단으로 하는 국제적 대립 시대를 무엇이라고 하나요?

❷ 1966년에 중국에서 시작한 대규모 사상·정치 투쟁의 성격을 띤 권력 투쟁을 무엇이라고 하나요?

❸ 제2차 세계 대전 후, 국제 연합의 위임을 받은 나라가 일정한 지역에서 행하는 통치 형태를 무엇이라고 하나요?

❹ 인종에 따라 사회적인 여러 권리를 차별하는, 남아프리카 공화국에서 있었던 인종 차별 정책을 무엇이라고 하나요?

❺ 유럽의 정치 통합과 경제 및 통화 통합을 위해 결성된 것으로, 이유(EU)라고 부르는 기구는 무엇인가요?

❻ 세계 최대의 석유 공급지로, 유럽에서 볼 때 동아시아와 유럽과 가장 가까운 아시아의 서쪽 중간 지역을 무엇이라고 하나요?

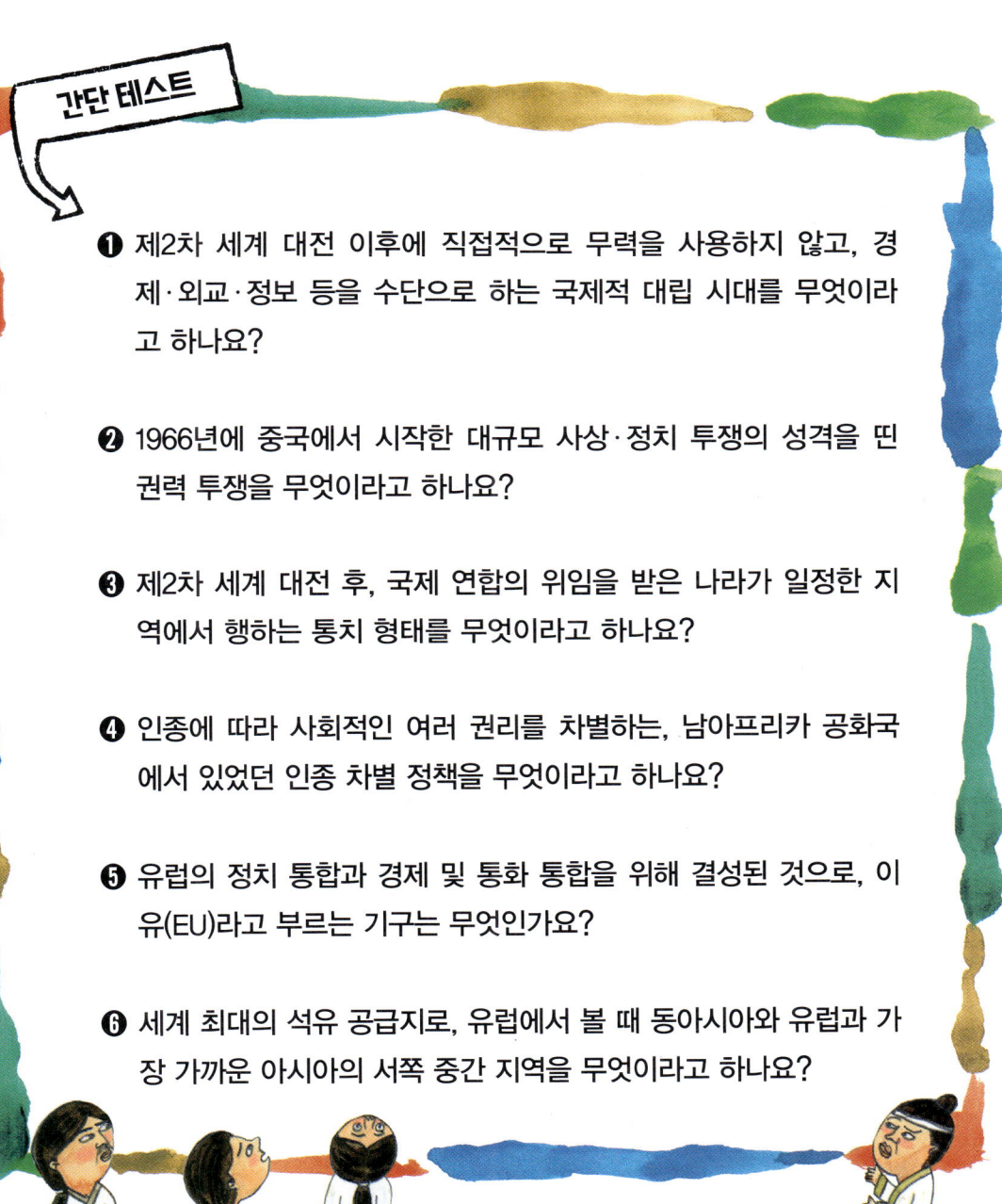

정답 ❶ 냉전 시대 ❷ 문화 대혁명 ❸ 신탁 통치 ❹ 아파르트헤이트 ❺ 유럽 연합 ❻ 중동

지도 연표로 한눈에 정리 쏙! · 6
용어로 한번에 정리 쏙! · 8

또 다른 세계 대전, 냉전 시대

냉전 시대가 시작되었어요 · 20
독일이 분단국가가 되었어요 · 25
중국이 사회주의 국가가 되었어요 · 30
한반도에서 6·25 전쟁이 일어났어요 · 34
쿠바에서 소련과 미국이 싸울 뻔했어요 · 37
베트남 전쟁이 터졌어요 · 40
냉전이 풀리기 시작했어요 · 43
동유럽에서 민주화 운동이 시작되었어요 · 48
고르바초프가 소련을 개혁했어요 · 51
지도 위 세계사 | 베트남에서 만나는 베트남 전쟁 · 56

2장 중동 분쟁과 테러

팔레스타인에서 유대 인과 아랍 인의 갈등이 시작되었어요 · 60

이스라엘이 세워지고 중동 전쟁이 터졌어요 · 63

중동 전쟁이 석유 전쟁으로 바뀌었어요 · 67

평화 협정을 맺었지만 평화는 오지 않았어요 · 71

이란, 이라크에서 연이어 전쟁이 터졌어요 · 74

9·11 테러가 일어났어요 · 78

지도 위 세계사 | 중동에서 만나는 중동 전쟁 · 84

3장 경제와 과학의 발전

유럽 연합이 탄생했어요 · 88

아시아도 경제 협력체를 만들었어요 · 92

아메리카와 아프리카도 뭉쳤어요 · 95

세계 무역 기구가 탄생했어요 · 100

컴퓨터의 발달로 정보화 시대가 시작되었어요 · 104

우주로 비행하고, 생명체를 복제했어요 · 107

지도 위 세계사 | 유럽에서 만나는 유럽 연합 · 112

4장 대한민국 정부의 수립과 발전

대한민국 정부가 수립되었어요 · 116

4·19 혁명이 일어났어요 · 124

5·16 군사 정변이 일어났어요 · 128

경제가 크게 성장했어요 · 133

박정희 정부가 10월 유신을 선포했어요 · 136

6월 민주 항쟁이 일어났어요 · 140

평화적인 정권 교체가 이루어졌어요 · 143

지도 위 세계사 | 한반도에서 만나는 분단의 현장 · 148

5장 평화로운 미래를 위한 숙제들

환경 문제를 해결해야 해요 · 152
인종 차별은 사라져야 해요 · 157
세계 곳곳에서 내전이 일어났어요 · 161
세계 곳곳에서 테러가 벌어졌어요 · 166
아랍에 민주화 운동이 일어났어요 · 169
영토 분쟁이 갈수록 심해지고 있어요 · 171
경제 위기에 잘 대처해야 해요 · 177
빈부 격차와 굶주림에도 대처해야 해요 · 180

지도 위 세계사 | 세계 여러 나라에서 만나는 환경 사고 · 182

세계사 정리 노트 · 184
찾아보기 · 196

1장 또 다른 세계 대전, 냉전 시대

제2차 세계 대전이 끝난 후 세상의 모습은 처참하게 바뀌었어요.
수많은 사람이 목숨을 잃었을 뿐만 아니라 도시들은 폐허가 되었어요.
소련은 동유럽 국가들을 사회주의 나라로 만들었지요. 미국과 서유럽의
자본주의 나라들이 이에 맞섰어요. 그 후로 세계는 미국을 중심으로 하는
자본주의 진영과 소련을 중심으로 하는 공산주의 진영으로 나뉘어 서로 맞서게 되었어요.
제2차 세계 대전 이후에 자본주의 진영과 공산주의 진영의 대립에 대해 알아보아요.

1966년	1968년	1990년	1991년
중국, 문화 대혁명 시작	소련, 체코슬로바키아 침공	동독과 서독 통일	소련 해체 선언

냉전 시대가 시작되었어요

제2차 세계 대전은 독일의 히틀러가 일으켰어요. 처음에 독일은 아주 강했어요. 영국과 일부 중립국을 뺀 유럽의 대부분을 차지했으며 소련 깊숙이 쳐들어갔지요. 하지만 미국이 제2차 세계 대전에 참전한 무렵부터 약해졌어요. 미국과 영국을 중심으로 한 연합국은 프랑스 노르망디 상륙 작전에 성공하여 프랑스를 해방하고, 독일로 나아갔어요. 소련도 독일을 향해 나아갔어요. 궁지에 몰린 히틀러는 자살을 했고, 독일은 연합국에 항복했지요.

소련군이 독일로 나아갈 때 동유럽의 나라들은 독일군과 싸우고 있었어요. **동유럽의 대부분 나라들은 소련군의 도움을 받아 독일군을 쫓아낼 수 있었지요. 소련의 도움을 받아 독립을 한 나라는 사회주의 국가가 되었어요.** 제2차 세계 대전이 끝나고 사회주의 국가가 된 나라들은 불가리아, 알바니아, 폴란드, 체코슬로바키아, 루마니아, 유고슬라비아 등이에요. 소련은 동유럽 나라들의 정치에 사사건건 간섭했어요.

하지만 유고슬라비아는 소련의 간섭을 받지 않았어요. 나중에 유고슬라비아의 대통령이 된 티토와 유고슬라비아의 국민들이 소련의 도움을 받지 않고 독일군을 몰아냈기 때문이에요.

동유럽에 사회주의 정권이 들어서자 미국과 영국은 사회주의가 서유럽으로 퍼지면서 공산화하는 것을 막아야 한다고 생각했어요. 1946년

3월에 영국의 총리 윈스턴 처칠은 미국을 방문하여 소련이 동유럽을 공산화하면서 유럽을 둘로 나누는 '철의 장막'을 치고 있다고 주장했어요. 철의 장막은 소련이 공산주의 진영과 자본주의 진영의 교류를 막는 폐쇄적인 정책을 펼치는 것을 비판한 말이었어요. 그 후 공산화된 중국도 폐쇄 정책을 펼치자 중국을 '죽의 장막'이 쳐진 나라라고 했어요. 중국을 상징하는 동물인 판다가 대나무 숲에 살기 때문에 그렇게 부른 것이지요.

제2차 세계 대전 후, 그리스와 터키에서는 사회주의 세력이 강해지고 있었어요. 소련은 그리스와 터키의 사회주의 세력을 도와주었지요. 그리스와 터키에 사회주의 정권이 들어서면 서유럽의 다른 나라에도 사회주의 정권이 들어서 공산화할 수 있다고 생각했기 때문이에요. 그러자 미국이 나섰어요. 1947년 3월, 미국의 대통령 해리 트루먼은 그리스와 터키에서 공산당에 반대하는 사람들을 돕기 위해 미국 의회에서 '트루먼 독트린'을 선언했어요.

"공산주의 진영으로부터 자유와 독립을 지켜야 합니다. 미국은 그리스와 터키 사람들이 소련으로부터 자유를 지키는 것을 돕겠습니다."

트루먼은 그리스와 터키의 공산화를 반대하는 반공주의자들에게 도움을 주었어요. 그러자 그리스와 터키의 사회주의 세력은 힘을 잃었지요.

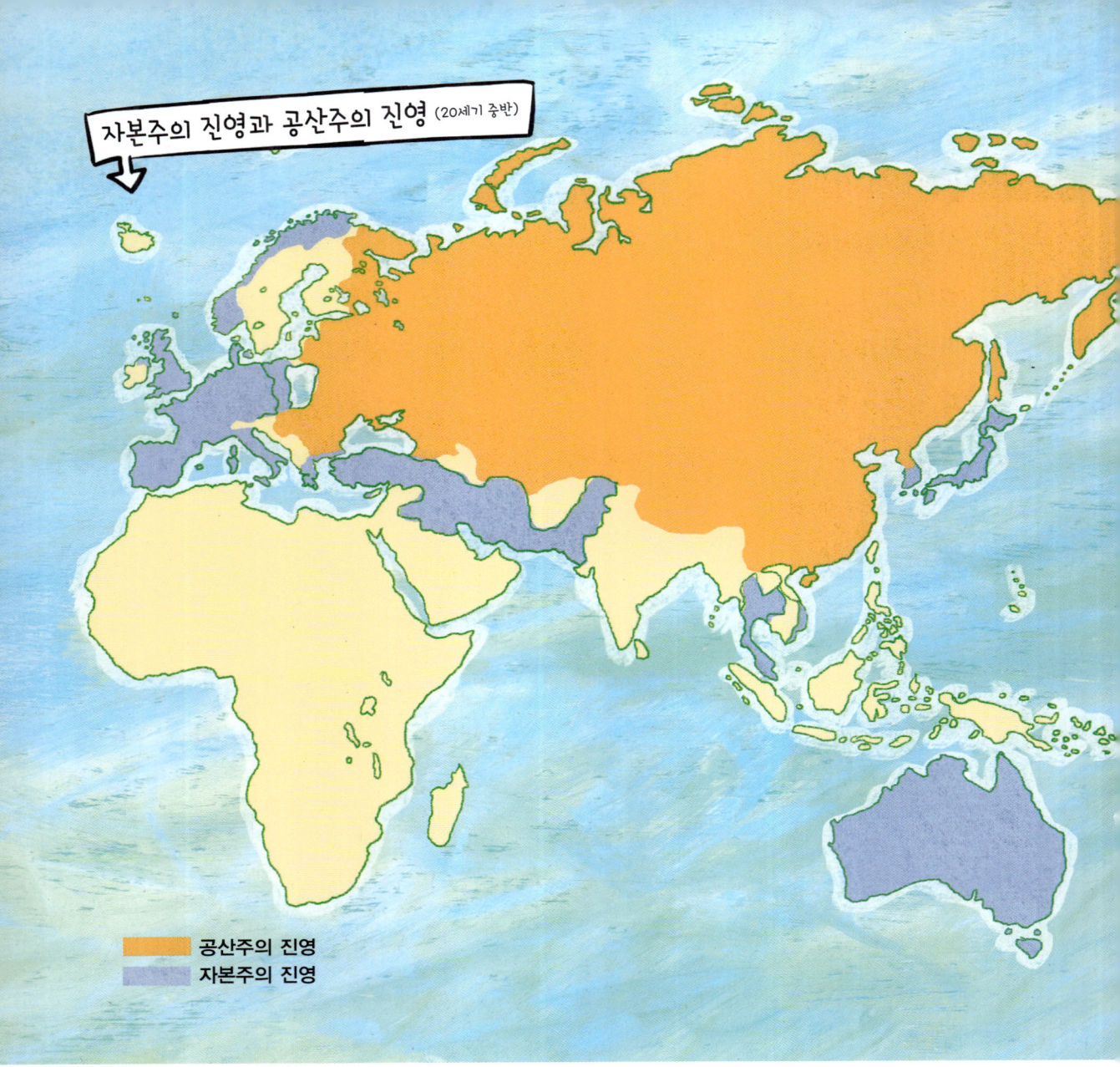

자본주의 진영과 공산주의 진영 (20세기 중반)

■ 공산주의 진영
■ 자본주의 진영

그 후 세계는 미국을 중심으로 한 자본주의 진영과 소련을 중심으로 한 공산주의 진영으로 나뉘었어요.

자본주의 진영과 공산주의 진영은 곧바로 총과 대포를 들고 전쟁

을 하지는 않았어요. 하지만 '소리 없는 전쟁'을 벌였지요. 이것을 차가운 전쟁, 즉 '냉전'이라고 불러요. 미국, 서유럽 등의 자본주의 국가는 서쪽에, 소련, 중국, 동유럽 등의 사회주의 국가는 동쪽에 있다고 하여 두 진영을 '동서 진영'이라고도 해요. 또 자본주의 진영을 '서방 세계', 공산주의 진영을 '동방 세계'라고도 불러요.

트루먼 독트린이 발표되고 3개월이 지난 1947년 6월에 미국의 국무 장관인 조지 마셜이 '마셜 계획'을 발표했어요. 마셜 계획은 서유럽의 경제를 되살리기 위한 미국의 경제 계획이에요. 당시 유럽은 전쟁으로 집과 공장 등이 모두 파괴되어 사람들이 먹고살기가 매우 힘들었어요. 미국은 서유럽의 경제를 돕지 않으면 서유럽이 공산화할 수도 있다고 생각했어요. **유럽 전체가 공산화하는 것을 막기 위해 미국이 마셜 계획을 실행한 거예요.** 미국은 영국, 프랑스, 이탈리아, 독일, 네덜란드 등에 4년간 약 120억 달러에 이르는 경제적 도움을 주었어요. 이 덕분에 서유럽의 경제 사정은 나날이 나아졌지요.

그러자 소련은 미국의 영향력이 유럽 전체에 커지는 것을 막기 위해 동유럽과 프랑스·이탈리아의 공산당과 함께 '국제 공산당 정보국'이라는 조직을 만들었어요. 국제 공산당 정보국은 '코민포름'이라고도 해요. 사회주의자들은 국제 공산당 정보국을 통해 정보를 주고받으며 세계 여러 나라를 공산화하는 운동을 이끌었어요.

미국의 마셜 계획은 서유럽을 경제적으로 돕기 위해 만들어졌어요. 그러자 소련도 마셜 계획에 맞서 동유럽 국가들을 경제적으로 돕겠다고 선언했어요. 이에 따라 소련이 1949년에 만든 것이 '동유럽 경제 상호 원조 회의'예요. '코메콘'이라고도 하지요. 동유럽 경제 상호 원조 회의에는 폴란드, 불가리아, 헝가리 등 동유럽의 여러 나라가 참여했어요.

독일이 분단국가가 되었어요

유럽에서 동서 진영의 대립은 점점 심각해졌어요. 독일은 전쟁이 일어날 것 같은 위기에 처하기도 했어요.

이 무렵, 독일은 어떤 상황이었는지 알아볼까요? 제2차 세계 대전이 끝난 뒤 독일은 미국, 영국, 프랑스, 소련 네 나라가 나누어서 통치했어요. 독일의 서쪽은 미국, 영국, 프랑스가 차지했고, 동쪽은 소련이 차지했어요. 베를린은 독일의 수도라는 중요성 때문에 네 나라가 나누어 다스리기로 했어요. 베를린의 서쪽 지역은 미국, 영국, 프랑스가, 동쪽 지역은 소련이 차지했지요. 베를린도 공산주의와 자본주의 진영으로 나뉘게 된 거예요. 그런데 베를린은 소련이 다스리는 동쪽 지역에 있었어요. 자본주의 진영에서 베를린에 가려면 반드시 소련이 차지하고 있는 지역을 거쳐야 했지요.

1948년에 미국, 영국, 프랑스는 자신들이 다스리는 서부 독일에서 쓸 새로운 화폐를 만들었어요. 당연히 서베를린에서도 새로운 화폐를 써야 했지요. 그러자 소련은 자본주의 진영에서 만든 새로운 화폐가

서베를린을 통해 자신들이 통치하고 있는 동부 독일로 들어오는 것을 막으려고 베를린과 서부 독일을 이어 주는 모든 도로와 철도를 끊어 버렸어요. 이 사건을 '베를린 봉쇄'라고 해요. 그 후 소련과 미국은 독일에 주둔하는 군대를 늘렸지요. 독일에서는 곧 전쟁이 터질 듯했어요.

베를린 봉쇄로 서베를린에 사는 사람들은 식량과 연료, 의약품 등을 구할 수 없게 되었어요. 그대로 두면 서베를린 시민들이 굶어 죽을 수도 있었지요. 미국과 영국 등 서방 세계는 서베를린으로 들어가는 새로운 방법을 찾았어요. 소련은 도로와 철도를 끊었지만 비행기를 막지는 못했어요. 서방 세계는 매일 비행기로 서베를린 시민들의 생활필수품을 날랐어요. 무려 11개월이나 계속되었지요.

서방 세계는 베를린 봉쇄를 풀기 위해 동부 독일의 교통과 통신 시설을 공격했어요. 이와 함께 동유럽에서 생산되는 모든 상품을 수입하지 않기로 했지요. 동유럽 국가들은 경제적인 어려움에 처하게 되었어요. 결국 소련은 1949년 5월에 베를린 봉쇄를 풀었어요.

베를린 봉쇄는 풀렸지만 서부 독일과 동부 독일의 사이는 점점 더 멀어졌어요. 미국, 영국, 프랑스는 서부 독일에 '독일 연방 공화국'을 세웠어요. 그러자 소련도 동부 독일에 '독일 민주주의 공화국'을 세웠지요. **서쪽에 있던 독일 연방 공화국**

을 '서독', 동쪽에 있던 독일 민주주의 공화국을 '동독'이라고 해요. 동독 땅에 있던 베를린도 서베를린과 동베를린으로 나뉘었어요. 독일이 유럽에서 처음으로 분단국가가 된 거예요. 독일은 이로부터 40여 년이 지난 후에야 통일할 수 있었어요.

　독일이 둘로 나뉘자 수많은 동독 사람이 동베를린을 거쳐 서베를린으로 넘어갔어요. 동독 정부는 이를 막기 위해 동베를린과 서베를린 사이에 40여 킬로미터(km)에 이르는 길고도 높은 콘크리트 장벽을 쌓았어요. 이것이 '베를린 장벽'이에요. 베를린 장벽은 동서 냉전 시대의 상징물이 되었어요.

　베를린 장벽을 쌓을 무렵, 동서 진영은 금방이라도 전쟁이 터질 듯 아슬아슬했어요. 다행히 전쟁은 일어나지 않았지만 동서 진영의 대립은 점점 심각해졌지요. 특히 미국은 사회주의를 아주 싫어했어요. 프랑스와 이탈리아에서는 공산당이 합법적으로 정치 활동을 했어요. 미국은 이것이 못마땅했지요. 그래서 공산당이 활동하지 못하도록 해 달라고 두 나라에 요구하기도 했어요. 심지어 미국은 사회주의자들이 이끄는 아시아와 아프리카의 민족 독립 투쟁을 방해하기도 했어요.

소련도 미국이 사회주의를 싫어하는 것만큼이나 자본주의를 싫어했어요. 동유럽 국가에서 소련과 사회주의에 반대하는 시위가 일어나면 어김없이 총과 대포로 짓밟았어요. 서방 세계가 동유럽을 돕겠다고 하면 동유럽의 최고 지도자에게 '제국주의자들의 도움을 받지 말라!'며 협박하기도 했지요.

1949년에 미국은 자본주의 진영의 여러 나라와 함께 '북대서양 조약 기구'를 만들었어요. 북대서양 조약 기구는 '나토(NATO)'라고도 해요. 북대서양 조약 기구에 가입한 나라가 침략을 받으면 군대를 파견해 함께 싸우기로 한 거예요.

소련이 가만히 있을 리가 없지요. **소련은 1955년에 동유럽 국가의 지도자들을 폴란드의 바르샤바에 불러 모아 북대서양 조약 기구에 맞서는 군사 기구를 만들었어요. 이것이 '바르샤바 조약 기구'예요.** 소련은 핵무기도 만들었어요. 미국에 이어 소련까지 핵무기를 만들었으니 전 세계는 핵전쟁에 대한 공포에 사로잡혔어요.

유럽에서 미국과 소련의 경쟁이 치열해지고 있는 동안, 중국에는 어떤 일이 일어나고 있었는지 알아볼까요?

중국이 사회주의 국가가 되었어요

1945년에 중국은 장제스가 이끄는 국민당과 마오쩌둥이 이끄는 공산당이 힘을 합쳐 일본을 몰아냈어요. 하지만 국민당과 공산당의 사이가 몹시 좋지 않았어요. 결국 국민당과 공산당 사이에 전쟁이 터졌지요.

처음에는 장제스가 이끄는 국민당이 공산당을 이기는 것 같았어요. 국민당은 300만 명이 넘는 병사가 있었고, 미국이 보내 온 첨단 무기를 가지고 있었기 때문이에요. 하지만 국민당은 중국 사람들에게 큰 실망을 주었어요. 국민당 정부 관리들의 부정부패가 심했기 때문이에요. 국민당이 지배하는 도시에는 집과 일자리를 잃은 사람들이 넘쳤고, 농민들은 무거운 세금과 굶주림에 시달렸지요.

이에 비해 마오쩌둥이 이끄는 공산당은 노동자와 농민들에게 큰 인심을 얻었어요. 공산당은 국민당 정부와 싸워 마을을 차지하면 부유한 지주의 땅을 빼앗아 농민들에게 나누어 주었어요. 수많은 노동자와 농민이 스스로 공산당 군대에 들어와 국민당 군대와 싸웠지요. 공산당은 군대의 이름도 홍군에서 인민 해방군으로 바꾸었어요.

1949년에 마오쩌둥이 이끄는 인민 해방군이 수도인 베이징을 차지했어요. 장제스는 타이완으로 달아날 수밖에 없었어요. 이렇게 해서 **중국에 '중화 인민 공화국'이 세워졌어요. 타이완에는 장제스가 이끄는 국민당 정부가 들어섰지요.** 우리나라는 타이완을 '대만'이라고 불러요.

마오쩌둥은 오랜 전쟁으로 지칠 대로 지친 중국 사람들의 생활을 안정시키고, 나라 경제를 발전시키는 데 힘을 쏟았어요. 대지주의 땅을 빼앗아 농민들에게 나누어 주고, 외국 기업과 국민당 정부가 가지고 있던 기업들을 나라의 것으로 만들었어요. 또한 물가가 오르지 않도록 관리했지요. 중국은 소련의 지도를 받아 집단 농장을 만들고, 중공업 중심으로 정책을 펼쳤어요.

하지만 중국 국민들이 원하는 만큼 중국 경제가 살아나지는 못했어요. 게다가 우리나라에서 6·25 전쟁이 일어나자 중국은 인민 해방군을 보내 공산 정권이 들어선 북한을 도왔어요. 그래서 수많은 중국 사람이 목숨을 잃었을 뿐만 아니라 어려운 중국 경제가 더욱더 어려워졌지요.

1953년에 소련의 스탈린이 죽은 뒤에는 소련과의 사이도 멀어졌어요. 스탈린의 뒤를 이어 소련의 최고 통치자가 된 흐루쇼프가 스탈린을 비판하고 미국을 비롯한 서방 세계와 사이좋게 지내려고 했기 때문이에요. 그 후 중국과 소련은 오랫동안 사이가 좋지 않았어요.

1958년에 마오쩌둥은 경제를 살리기 위해 '대약진 운동'을 시작했어요. 대약진 운동은 강철과 곡물의 생산량을 늘리는 것이 목적이었어

요. 마오쩌둥은 강철의 생산량을 늘리기 위해 농촌마다 작은 용광로를 만들도록 했지요. 전국에 엄청난 수의 작은 용광로가 만들어졌어요. 농민들은 나라에서 정한 강철 생산량을 채우려고 작은 용광로에 농기구나 밥 짓는 솥 등 쇠로 만든 모든 물건을 녹여서 강철로 만들었어요. 하지만 이렇게 만든 강철은 질이 나쁘고 약했어요. 무려 30퍼센트(%)가 넘는 강철이 아무 쓸모가 없었지요.

마오쩌둥은 곡물의 생산량을 늘리기 위해 집단 농장을 만들었어요. 하지만 농민들이 집단 농장에서 열심히 일하지 않았어요. 아무리 열심히 일해도 생산물을 더 가져갈 수 없었기 때문이에요. 게다가 몇 년 동안 엄청난 기근이 계속되었어요. 수많은 사람이 굶주림 때문에 목숨을 잃었지요. 그런데 대약진 운동이 실패한 데에는 참새도 한몫했다고 해요. 무슨 소리냐고요? 그 이야기를 들려줄게요.

어느 날, 마오쩌둥은 참새들이 곡식을 쪼아 먹는 것을 보고 크게 화를 냈어요. 사람들이 먹어야 할 곡식을 참새가 먹어 없애서 굶는 사람이 생긴다는 거였어요. 마오쩌둥은 참새를 가리키며 이렇게 명령했어요.

"해로운 참새를 없애라!"

마오쩌둥의 명령에 따라 중국 전 지역에서 참새를 잡아 죽이기 시작했어요. 1년 사이에 2억 마리가 넘는 참새가 사라졌어요. 그런데 참새가 없어지자 다른 문제가 생겼어요. 농경지에 해충이 들끓기 시작한 거예요. 해충을 잡아먹을 참새가 없어졌기 때문이에요. 결국 곡물이 제대로 자라지 못해 대흉년이 들었어요.

대약진 운동 기간 동안 중국에서 2000만 명 이상이 굶어 죽었어요. 대약진 운동이 완전히 실패한 거예요. 결국 1960년에 마오쩌둥은 정치에서 손을 떼야 했어요.

한편, 동서 냉전이 심각해질수록 냉전 때문에 피해를 입는 나라가 나타났어요. 유럽에서는 독일이 분단국가가 되었고, 아시아에서는 우리나라와 베트남이 분단국가가 되었어요. 우리나라와 베트남은 전쟁까지 일어났지요. 먼저, 우리나라에서 일어난 6·25 전쟁을 살펴볼까요?

한반도에서 6·25 전쟁이 일어났어요

1945년에 일본으로부터 해방된 우리나라는 하나의 정부를 세우지 못했어요. 1948년에 38도선을 경계로 남쪽과 북쪽에 따로 정부가 들어섰지요. 남쪽에는 이승만이 미국의 도움을 받아 '대한민국'을, 북쪽에는 김일성이 소련의 도움을 받아 '조선 민주주의 인민 공화국'을 세웠어요. 남한과 북한의 대립은 갈수록 심각해졌어요. 분단선 근처에서는 작은 전투가 자주 벌어졌지요.

1950년 6월 25일 새벽 4시였어요. 북한군이 38도선을 넘어 남한으로 쳐들어왔어요. 6·25 전쟁이 일어난 거예요. 북한군은 사흘 만에 서울을 차지하고, 두 달 만에 낙동강 일대까지 내려왔어요. 대한민국

정부는 부산까지 밀려났지요.

미국은 재빨리 유엔에 도움을 청했어요. 유엔은 남한에 유엔군을 보내기로 결정했어요. 16개 국가에서 6·25 전쟁에 군대를 보냈지요. 유엔군 사령관은 미국의 더글러스 맥아더였어요.

1950년 9월 15일, 국군과 유엔군은 북한군이 차지하고 있는 인천에 군대를 상륙시켰어요. 이를 '인천 상륙 작전'이라고 해요. 이 작전은 대성공이었어요. 국군과 유엔군은 9월 28일에 서울을 되찾았고, 북한군을 북쪽으로 밀어붙였지요. 국군과 유엔군은 계속 북으로 올라가 10월 13일에 평양을 점령하고, 압록강까지 이르렀어요.

　하지만 국군과 유엔군은 북한의 항복을 받아내지 못했어요. 중국군이 전쟁에 끼어든 것이었어요. 국군과 유엔군은 다시 남쪽으로 밀리기 시작했어요. 1951년 1월 4일, 국군과 유엔군은 서울을 내주고 더 남쪽으로 내려갈 수밖에 없었지요. 이것을 '1·4 후퇴'라고 해요. 국군과 유엔군은 다시 힘을 모아 3월 14일에 서울을 되찾았어요. 이후 38도선 근처에서 밀고 밀리는 싸움이 계속되었어요.

　1951년 7월, 전쟁을 시작한 지 1년 만에 북한군과 중국군, 국군과 유엔군은 38도선에서 만났어요. 휴전 회담이 시작된 거예요. 하지만 휴전 회담 기간에도 조금의 땅이라도 더 차지하려는 크고 작은 싸움이 끊이지 않았어요. 휴전 회담은 2년

동안이나 계속되었지요. 마침내 1953년 7월 27일, 휴전 협정이 맺어졌어요. 휴전 협정에 따라 한반도를 가로지르는 휴전선이 생겨났어요. 그때부터 지금까지 우리나라는 통일을 하지 못하고 있어요.

6·25 전쟁은 냉전 때문에 일어난 첫 번째 전쟁이었어요. 전쟁의 피해는 정말로 컸어요. 6·25 전쟁으로 죽거나 다친 사람은 남북한 전체에서 500만 명이나 되었지요. 이산가족도 많이 발생해서 아직도 헤어진 가족을 못 찾은 사람들이 많아요.

이번에는 중앙아메리카에 있는 쿠바로 가 볼까요?

쿠바에서 소련과 미국이 싸울 뻔했어요

에스파냐의 식민지였던 쿠바는 미국의 도움으로 1902년에 독립했어요. 하지만 그 후에는 미국의 식민지와 다름없었지요. 쿠바의 토지는 대지주와 미국의 기업가가 모두 차지했으며 독재 정권의 관리들은 부정부패가 심했어요. 당연히 쿠바 국민들의 생활은 몹시 어려웠지요. 쿠바 국민들은 독재 정권을 몰아내려고 여러 차례 들고일어났지만 번번이 실패했어요. **1959년에 이르러 카스트로와 체 게바라가 이끄는 게릴라 부대가 독재 정권을 무너뜨렸어요.**

카스트로는 대부분 미국 사람의 소유였던 대농장을 빼앗아 가난한 농민들에게 나누어 주었고, 대기업도 빼앗아 나라 것으로 만들었어요. 미국과 외교 관계도 끊어 버렸지요. 그러자 미국이 나섰어요. 미국은 카스트로를 쫓아내려고 미국으로 도망쳐 온 쿠바 사람들을 모아 쿠바를 공격하게 했지만 실패했어요. 카스트로도 가만있지 않았어요. 소련으로부터 미사일을 들여오기로 한 거예요.

1962년 10월, 쿠바에 미사일 기지가 건설되는 모습이 미국 첩보 비행기의 공중 촬영에 찍혔어요. 쿠바와 미국은 아주 가깝기 때문에 미국은 큰 위협을 느꼈어요. 미국의 케네디 대통령은 쿠바에 있는 미사일을 소련으로 되가져가라고 요구했어요. 또한 쿠바에 미사일이 더 들어오지 못하도록 쿠바 앞바다를 미군 함대로 둘러쌌어요.

전 세계가 공포에 떨었어요. 세계 대전이 다시 일어날 수 있었기 때문이에요. 다행히 전쟁은 일어나지 않았어요. 소련은 쿠바에 미사일 기지를 짓지 않겠다고 했어요. 쿠바로 향하던 소련의 미사일 운반선이 되돌아갔지요. 그 대신 미국은 터키에 있는 미국의 미사일 기지를 없애기로 했어요. 이 사건을 '쿠바 미사일 위기'라고 해요. 그 후 미국의 케네디와 소련의 흐루쇼프는 부분적 핵 실험 금지 조약을 맺었어요. 쿠바 미사일 위기를 해결한 미국 대통령 케네디의 이야기를 들려줄게요.

케네디는 1917년에 미국의 매사추세츠 주 브루클라인에서 태어났어요. 하버드 대학에서 정치학을 공부한 케네디는 1946년에 정치를 시작해서 1961년에 제35대 미국 대통령에 당선되었어요. 이때 케네디의 나이는 마흔세 살이었어요. 아주 젊은 대통령이었지요. 케네디는 미국 초창기의 개척 정신을 되살려야 한다고 외쳤어요. 흑인의 인권을 적극 편들어 지켰고, 복지 제도도 많이 늘렸지요. 소련과 경쟁할 때에도 결코 밀리지 않았어요. 젊고 활기찬 케네디는 국민들에게 인기가 매우 많았어요. 하지만 케네디는 대통령 임기를 다 끝내지 못했어요.

대통령이 되고 2년이 지난 뒤에 미국 텍사스 주 댈러스에서 암살되었기 때문이에요. 암살범은 곧바로 잡혔어요. 하지만 암살범도 곧 다른 사람에게 살해되었어요. 결국 암살범이 케네디 대통령을 왜 암살했는지, 누가 그것을 지시했는지, 어떤 음모가 여기에 들어 있는지는 영원히 밝힐 수 없게 되었지요.

동남아시아에 있는 베트남에서도 동서 냉전으로 인한 전쟁이 일어났어요. 베트남은 우리나라처럼 남북으로 갈라진 분단국가였어요. 베트남은 왜 나라가 남북으로 갈라지고 전쟁까지 겪었는지 알아보아요.

베트남 전쟁이 터졌어요

20세기 초반까지 베트남은 프랑스의 지배를 받았어요. 1940년대에는 일본의 식민지가 되었지요. 제2차 세계 대전이 일본의 패망으로 끝났지만 베트남은 바로 독립할 수 없었어요. 프랑스가 베트남을 비롯한 라오스와 캄보디아를 다시 지배하려고 돌아왔기 때문이에요. 일본이 베트남에서 물러난 후, 베트남의 독립 운동을 이끌었던 호찌민은 북베트남에 사회주의 국가인 베트남 민주 공화국을 세웠어요. 그런데 프랑스가 돌아와 남베트남에 베트남국을 세웠어요.

1946년 12월, 베트남 민주 공화국은 프랑스를 쫓아내기 위해 싸움을 시작했어요. 라오스와 캄보디아도 프랑스와 전쟁을 시작했지요. 이것이 '제1차 인도차이나 전쟁'이에요. 이 전쟁에서 베트남 민주 공화국이 승리했어요. 1954년 7월에 베트남 민주 공화국과 프랑스는 평화 협정을 맺고, 베트남을 북위 17도선을 기준으로 남과 북으로 나누기로 했어요. 그리고 1956년에 총선거를 치르고 통일 국가를 세우기로 했지요. 평화 협정을 맺은 프랑스는 베트남에서 물러났어요.

프랑스가 베트남에서 물러나자 갑자기 미국이 나섰어요. 베트남에 사회주의 국가가 들어서는 것을 막겠다는 것이었지요. 베트남이 사회주의 국가가 된다면 인도차이나 반도 전체에 사회주의 국가가 들어설 것이라고 생각한 거예요. 미국은 남베트남에 반공 정부가 들어서도록 도움을 주었어요. 그 후 남베트남 반공 정부는 총선거를 하지 않겠다고 했어요.

남베트남 반공 정부는 부정과 부패가 심했어요. 남베트남 국민들은 살기가 힘들었지요. 남베트남 반공 정부를 무너뜨리려고 '남베트남 민족 해방 전선' 사람들이 반란을 일으켰어요. 무장을 한 투쟁 조직인 남베트남 민족 해방 전선을 '베트콩'이라고도 불러요. **북베트남은 남베트남 민족 해방 전선을, 미국은 남베트남 반공 정부를 도와주었지요.** 남베트남은 갈수록 혼란스러워졌어요.

　　1964년 8월, 북베트남의 배 세 척이 베트남 동쪽 통킹 만에서 미국 해군의 배를 어뢰와 기관총으로 먼저 공격하는 사건이 일어났어요. 이 사건을 '통킹 만 사건'이라고 해요. 미국이 꾸민 사건이라는 이야기도 있지요. **통킹 만 사건이 일어나자 미국은 곧바로 전투기를 보내 북베트남을 폭격했어요. 이때부터 시작된 전쟁을 '제2차 인도차이나 전쟁'이라고 해요. 보통은 '베트남 전쟁'이라고 하지요.** 미국은 약 50만 명이 넘는 병사를 베트남에 보냈어요.

하지만 미군은 정글에 숨어 있다가 갑자기 나타나 공격하는 남베트남 민족 해방 전선을 쉽게 이길 수가 없었어요. 시간이 갈수록 미군의 피해는 커졌어요. 수많은 병사가 죽었고, 전쟁 비용도 눈덩이처럼 늘어났지요. 미국에서도 베트남 전쟁을 반대하는 소리가 점점 높아졌어요. 결국 1969년에 미국의 닉슨 대통령은 베트남 전쟁에서 물러나겠다고 선언했어요. 1973년에 이르러 미국은 베트남에서 완전히 물러났어요. 미국이 베트남에 항복한 것과 다름없었지요. 세계 최고의 강대국인 미국이 처음으로 전쟁에서 패배한 것이었어요.

미국이 물러나자 북베트남은 남베트남으로 쳐들어가 남베트남 수도인 사이공을 함락하고 베트남을 통일했어요. 이때가 1975년이에요. 베트남은 사회주의 국가가 되었지요. 그 후 베트남 주변에 있던 라오스와 캄보디아도 사회주의 국가가 되었어요.

1970년대를 앞두고 동서 진영에 변화가 생기기 시작했어요. 어떤 일이 일어났는지 알아볼까요?

냉전이 풀리기 시작했어요

1963년에 자본주의 진영의 프랑스가 북대서양 조약 기구에서 나가 버렸어요. 미국의 간섭이 싫었기 때문이에요. 서독과 일본은 눈부신 경제 발전을 이루었어요. 서독은 미국의 지원 덕분에 경제가 빠르게 성장할 수 있었지요. 일본은 우리나라에서 일어난 6·25 전쟁에 군수 물자를 대면서 경제를 발전시킬 수 있었어요. 1960년대 후반에 서독과 일본은 세계적인 경제 대국으로 성장했어요.

공산주의 진영에서도 변화가 생겼어요. 마오쩌둥은 대약진 운동의 실패로 정치에서 물러났어요. 그 후 류사오치와 덩샤오핑 등이 공산당을 이끌었지요. 이들은 국민들이 잘살 수 있다면 자본주의의 방식도 받아들여야 한다고 생각했어요. 하지만 마오쩌둥은 이를 못마땅하게 여겼어요.

1966년에 마오쩌둥은 '문화 대혁명'을 일으켜 류사오치와 덩샤오핑 등을 몰아냈어요. 그리고 고등학생과 대학생으로 이루어진 홍위병을 내세워 마오쩌둥의 사상을 찬양하게 했어요. 마오쩌둥의 사상에 조금이라도 반대한 사람들은 일자리에서 내쫓기고 사람들 앞에서 망신을 당했지요. 문화 대혁명 기간 동안 중국은 문화가 파괴되고 산업, 과학 기술, 교육이 큰 피해를 입었어요.

문화 대혁명이 한창이던 1969년, 중국과 소련 두 나라 사이에 국경선을 놓고 전투가 일어났어요. 이 사건으로 중국과 소련은 핵무기를 준비할 정도로 사이가 매우 나빠졌지요.

한편, **자본주의 진영과 공산주의 진영의 어느 쪽에도 가입하지 않**

는 나라들이 나타났어요. 이 나라들을 '제3세계'라고 해요. '비동맹 세력'이라고도 하지요. 제3세계가 어떻게 만들어졌는지 알아볼까요?

제2차 세계 대전이 끝난 뒤, 아시아와 아프리카의 여러 나라는 식민 지배에서 벗어나 독립을 이루었어요. 동남아시아의 나라들은 1950년대를 전후로 서양 강대국으로부터 독립했지요. 라오스와 캄보디아는 프랑스로부터, 미얀마와 말레이시아는 영국으로부터, 필리핀은 미국으로부터 독립했어요. 300년이 넘도록 네덜란드의 지배를 받던 인도네시아도 이때 독립했지요. 인도는 1947년에 영국으로부터 독립했지만 종교 문제 때문에 인도와 파키스탄으로 갈라섰어요. 인도는 힌두교를 믿는 나라가, 파키스탄은 이슬람교를 믿는 나라가 되었지요. 이 과정에서 인도의 분열을 막기 위해 노력하던 간디가 암살당했어요.

아프리카에서는 1951년에 리비아가 이탈리아로부터 독립한 것을 시작으로 여러 나라의 독립 운동이 거세졌어요. 1922년에 영국으로부터 독립한 이집트는 1952년에 나세르가 권력을 잡고 공화정을 수립했어요. 1955년에는 아시아와 아프리카의 29개국 대표가 인도네시아의 반둥에 모여 회의를 했지요. 이 회의를 '반둥 회의'라고 해요. 반둥 회의는 인도네시아 독립의 영웅인 수카르노와 인도의 네루 등 가난하고 힘없는 나라들의 대표가 이끌었어요. 이들은 여러 민족의 독립을 지지하고, 전쟁을 반대했어요. 반둥 회의에 참석한 사람들은

'평화 10원칙'을 발표했어요. 평화 10원칙에는 서로의 영토와 주권을 인정할 것, 서로 침략하지 않을 것, 평화로운 공존을 위해 노력할 것 등의 내용이 담겨 있지요.

반둥 회의 이후, 그때까지 독립하지 못한 아프리카 나라들의 독립 운동이 더욱 거세졌어요. 그 결과 1963년까지 대부분의 아프리카 나라가 독립할 수 있었지요. 이때 독립한 아프리카 나라는 대부분 제3세력이 되었어요. 이들은 1961년부터 비동맹 회의를 열고 있어요.

미국과 중국, 미국과 소련 사이에도 큰 변화가 생겼어요. 1972년 2월에 미국의 닉슨 대통령은 중국을 방문해 마오쩌둥을 만났어요. **닉슨은 중국 공산당이 이끄는 중화 인민 공화국을 국가로 받아들이기로 했지요.** 이것은 엄청난 변화였어요. 그전까지 미국은 타이완의 국민당 정부를 중국의 하나밖에 없는 정부라고 했기 때문이에요. 닉슨은 그해 5월에 소련을 방문하여 소련의 최고 지도자인 브레즈네프를 만났어요. 닉슨과 브레즈네프는 핵무기 개발 경쟁을 줄이고, 우주 개발 사업에 서로 협력하기로 약속했어요.

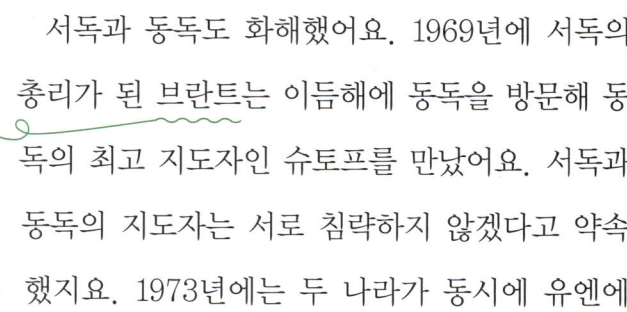

서독과 동독도 화해했어요. 1969년에 서독의 총리가 된 브란트는 이듬해에 동독을 방문해 동독의 최고 지도자인 슈토프를 만났어요. 서독과 동독의 지도자는 서로 침략하지 않겠다고 약속했지요. 1973년에는 두 나라가 동시에 유엔에

가입했어요.

  1976년에 중국에도 큰 변화가 생겼어요. 중국의 최고 권력자 마오쩌둥이 세상을 떠나고, 쫓겨났던 덩샤오핑이 다시 권력을 잡았지요. 덩샤오핑은 '검은 고양이든 흰 고양이든 쥐만 잘 잡으면 훌륭한 고양이다'라는 말을 했어요. 중국이 잘살기 위해서라면 자본주의 국가와도 손을 잡을 수 있다는 뜻이었어요. 1982년에 덩샤오핑은 자본주의 국가와도 무역을 하겠다고 발표했어요.

어때요, 동서 냉전에 금이 쩍쩍 가는 소리가 들리지요? 하지만 잠시 자본주의 진영과 공산주의 진영이 다시 '얼음'처럼 차가워졌던 때가 있었어요. 1979년에 소련이 아프가니스탄을 쳐들어갔을 때였어요. 아프가니스탄에는 곧 소련의 말을 잘 듣는 정부가 들어섰지요. 그러자 미국이 아프가니스탄 정부에 맞서 싸우는 사람들을 지원하기 시작했어요. 아프가니스탄 전쟁은 1987년에 소련이 아프가니스탄에서 물러날 때까지 이어졌어요. 그 사이 수많은 아프가니스탄 사람이 목숨을 잃고, 다른 나라로 떠나야 했지요.

1980년대에 들어서자 동서 냉전이 풀리기 시작했어요. 동서 냉전이 풀리는 과정을 살펴볼까요?

동유럽에서 민주화 운동이 시작되었어요

동유럽 나라들은 1950년대부터 소련의 간섭에서 벗어나려고 했어요. 헝가리 국민들은 1956년에 수도인 부다페스트에서 소련의 간섭에 반대하는 시위를 벌였어요. 헝가리 국민들은 도시 곳곳에 있는 스탈린 동상도 부숴 버렸지요. 소련은 곧바로 헝가리에 군대를 보냈어요. 결국 헝가리 국민들의 저항은 실패로 끝났고, 헝가리에는 소련의 말을 잘 듣는 독재 정권이 들어섰어요.

1968년에는 체코슬로바키아에서도 민주화 운동이 시작되었어요. **공산당 지도자로 새로 뽑힌 둡체크가 소련의 간섭에서 벗어나려는 정책을 실시했지요. 이를 '프라하의 봄'이라고 해요.** 하지만 프라하의 봄은 오래가지 않았어요. 소련이 군대를 보내 프라하를 점령했기 때문이에요. 이때 둡체크는 소련으로 끌려갔어요. 이렇게 프라하의 봄은 실패로 끝났어요.

폴란드에서는 1950년대부터 소련의 간섭에서 벗어나려는 시위가 있었어요. 1980년 무렵에는 폴란드 곳곳에서 노동자들이 파업을 일으켰지요. **노동자들은 공산당의 간섭을 받지 않는 자유로운 노동조합을 결성할 수 있게 해 달라고 요구했어요. 이것을 '자유 노조 운동'이라고 해요.** 자유 노조 운동을 이끈 인물은 바웬사예요. 조선소 노동자에서 폴란드의 대통령이 된 바웬사의 이야기를 들려줄게요.

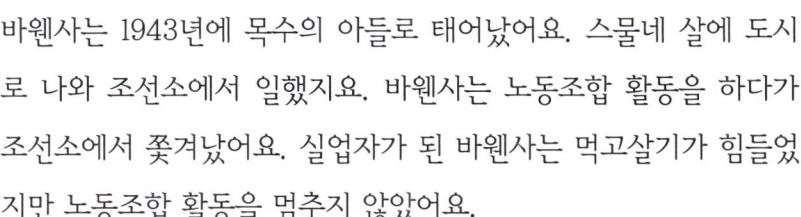

바웬사는 1943년에 목수의 아들로 태어났어요. 스물네 살에 도시로 나와 조선소에서 일했지요. 바웬사는 노동조합 활동을 하다가 조선소에서 쫓겨났어요. 실업자가 된 바웬사는 먹고살기가 힘들었지만 노동조합 활동을 멈추지 않았어요.

1980년부터 바웬사는 노동자들의 파업을 이끌기 시작했어요. 파업이 전국으로 퍼지자 폴란드 정부는 하는 수 없이 노동자들이 자유롭게 노동조합을 세울 수 있도록 했어요. 그 후 바웬사는 파업을 이끌던 노동자들과 힘을 합해 자유 노조인 '연대'를 만들었어요. 수많은 노동자와 농민이 연대에 가입했지요.

그런데 얼마 지나지 않아 폴란드 정부가 연대를 탄압하기 시작했어요. 연대를 이끌던 바웬사는 감옥에 갇혔고, 연대는 불법 단체가 되었지요. 바웬사는 좌절하지 않았어요. 감옥에서 나오자마자 다

노동조합을 만들어 노동자의 권리를 찾읍시다.

시 연대를 이끌었어요. 1989년에는 연대를 국가에서 인정한 단체로 만들었지요. 그 후 바웬사는 폴란드의 대통령이 되었어요.

폴란드가 민주화 운동에 성공한 것은 소련의 최고 권력자인 고르바초프가 동유럽 국가들의 정치에 더 이상 간섭하지 않겠다고 선언한 영향도 컸어요. 그럼, 소련에서 어떤 일이 일어났는지 알아볼까요?

고르바초프가 소련을 개혁했어요

사회주의 나라의 최고 권력자는 공산당 '서기장'이에요. 1985년에 고르바초프가 소련 공산당의 서기장이 되었어요. 고르바초프가 서기장이 될 무렵, 소련은 여러모로 어려움에 처해 있었어요. 무엇보다 경제 사정이 좋지 못했어요. 소련 사람들은 생활에 필요한 물건이 부족해 큰 고통을 겪었지요. 그런데도 소련은 아프가니스탄을 비롯해 사회주의 국가의 공산당 정부를 돕느라 큰돈을 쓰고 있었어요. 정치 사정도 마찬가지였어요. 공산당의 독재 정치 때문에 국민들은 자유롭게 자신의 의견을 말하거나 발표할 수 없었지요.

고르바초프는 소련을 발전시키기 위해 정치와 경제를 개혁하기로 했어요. 이를 위해 '페레스트로이카'와 '글라스노스트'라는 정책을 실시했어요. 러시아 어로 페레스트로이카는 '개혁'이라는 뜻이고, 글라스노스트는 '개방'이라는 뜻이에요. 고르바초프는 공산당을 비판해도 좋다고 했어요. 그전까지는 공산당을 비판하면 누구든 감옥에 갇히거나 처형되었어요. 또한 고르바초프는 개인이 재산을 가질 수 있도록 했고, 종교를 자유롭게 믿을 수 있도록 했어요. 사회주의에서는 개인의 재산을 인정하지 않았으며 종교의 자유도 없었지요.

고르바초프는 동유럽 나라의 정치에 간섭하지 않겠다고도 했어요. 그러자 독재 정치 아래에서 신음하던 동유럽 국가의 국민들이 앞다퉈 독재 정권에 대항하기 시작했어요. 폴란드뿐만 아니라 헝가리, 체코슬로바키아, 불가리아, 루마니아 등에서 사회주의 정권이 무너졌지요.

동독에서도 민주주의를 요구하는 소리가 높아졌어요. 그렇지만 동독 정부는 국민들의 바람을 들어주지 않았어요. 그러자 수많은 동독 국민들이 베를린 장벽을 넘어 서독으로 갔어요. 동독 정부는 하는 수 없이 동독과 서독 사람들이 자유롭게 오갈 수 있도록 했지요. 동독 사람들은 이에 만족하지 않았어요. **1989년에 동독과 서독 사람들은 징과 망치를 들고 베를린 장벽을 부수기 시작했어요. 그리고 일 년 뒤에 동독은 무너졌지요.** 이렇게 독일이 통일되었어요. 분단된 지 41년 만이에요.

소련에서는 더 큰 변화가 있었어요. 1990년 3월에 여러 정당이 참여

무너진 베를린 장벽 위에 서 있는 사람들

하는 선거를 치러 고르바초프가 소련의 첫 번째 대통령이 되었어요. 고르바초프는 공산당 말고도 다른 정당이 정치 활동을 할 수 있도록 했어요. 1991년 7월에는 사회주의 이념을 포기한다는 선언을 했지요. 이제 소련도 사회주의에서 벗어나겠다는 뜻이었어요. 그러자 공산당의 보수파들이 반란을 일으켰어요. 보수파들은 고르바초프가 소련을 망가뜨리고 있다고 비난했어요. 이들은 고르바초프를 별장에 가두었어요. 이때 나타난 사람이 옐친이에요. 옐친은 탱크에 올라서서 자유와 민주주의를 위해 보수파에 맞서야 한다고 국민들을 설득했어요. 옐친의 연설 덕분에 보수파

들의 반란은 실패로 끝났고, 고르바초프는 4일 만에 대통령 자리로 돌아왔어요. 그 후 **고르바초프는 공산당을 없애고, 공산주의 진영의 군사 협력 기구인 바르샤바 조약 기구도 없애 버렸지요.**

얼마 뒤, 옐친은 고르바초프를 밀어내고 권력을 잡았어요. 그리고 소련을 이루고 있던 15개 공화국의 독립을 인정했어요. 이후 15개의 공화국 중 11개 공화국이 모여 '독립 국가 연합'을 만들었어요. 독립 국가 연합은 각기 주권을 가진 독립 국가들의 느슨한 연합체예요. 당시의 11개 공화국은 러시아, 우크라이나, 벨라루스, 몰도바, 카자흐스탄, 우즈베키스탄, 투르크메니스탄, 타지키스탄, 키르기스스탄, 아르메니아, 아제르바이잔 공화국이에요. 이로써 1922년에 탄생한 소련이 70년 만에 사라졌어요. 미국과 소련, 두 나라의 대결도 끝이 났답니다.

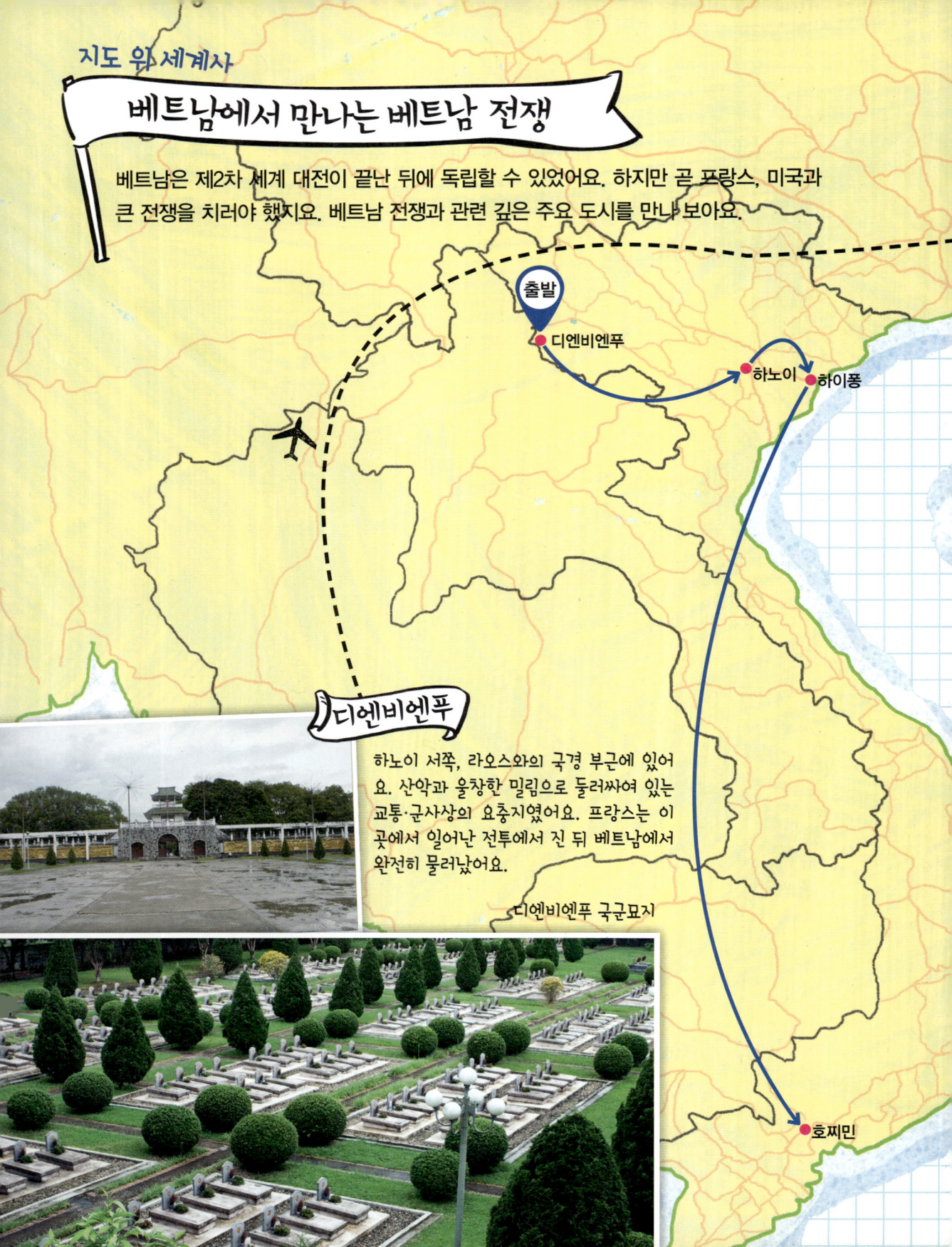

하노이

주석궁

베트남 북부에 있는 오늘날의 수도예요. 베트남의 독립 영웅 호찌민이 '베트남 독립 선언서'를 읽은 곳이기도 하지요. 오랜 역사를 지닌 하노이에는 호찌민 묘소와 박물관, 호찌민이 죽을 때까지 일했던 주석궁 등이 있어요.

호찌민 묘

하이퐁

하노이 동쪽의 통킹 만에 닿아 있는 항구 도시예요. 하이퐁 앞에 있는 통킹 만에서 미국이 통킹 만 사건을 일으켜 제2차 인도차이나 전쟁이 일어났지요. 전쟁 때 미국의 심한 공습을 받았지만, 지금은 베트남의 주요 공업 도시가 되었어요.

호찌민

베트남 남부에 있는 가장 큰 도시예요. 베트남 전쟁 당시 남베트남의 수도로, 당시엔 사이공이라 불렸지요. 프랑스 식민지 시절에 유럽풍으로 지어진 인민 위원회 청사와 베트콩들이 숨어 살았던 지하의 구찌 터널이 유명해요.

구찌 터널

전쟁 박물관

인민 위원회 청사와 호찌민 동상

1948년
이스라엘 건설

2003년
미국 이라크 침공

1948년	1956년	1967년
이스라엘 건설	제2차 중동 전쟁 일어남	제3차 중동 전쟁 일어남

2장
중동 분쟁과 테러

중동은 유럽에서 동양을 구분할 때 썼던 말로,
대략 서아시아 일대를 가리켜요.
오늘날에는 아프리카 북부까지 합쳐 중동이라고 하지요.
오늘날 중동은 전 세계에서 가장 위험한 지역으로 손꼽히는 곳이지만
20세기 이전까지는 그리 위험한 곳이 아니었어요.
그때는 제1차 세계 대전이 시작된 발칸 반도가 가장 위험한 곳이었지요.
제2차 세계 대전이 시작된 곳도 발칸 반도 위쪽에 있는 폴란드였어요.
그런데 어쩌다가 중동이 늘 전쟁의 위협에 시달리는 곳이 되었을까요?
지금부터 그 이야기를 해 볼게요.

1979년	1991년	2001년	2003년
소련, 아프가니스탄 침공	걸프 전쟁 일어남	미국, 9·11 테러 일어남	미국, 이라크 침공

팔레스타인에서 유대 인과 아랍 인의 갈등이 시작되었어요

오늘날 세계에서 가장 위험한 지역 중 하나로 꼽히는 팔레스타인은 오랜 역사를 가진 땅이에요. 팔레스타인 지역은 이스라엘이 있는 지중해의 동남부 기슭을 가리켜요. 그런데 팔레스타인 지역을 두고 유대 인과 아랍 인이 왜 싸울까요? 그 이유를 알려면 아주 오래전으로 거슬러 올라가야 해요.

기원전 1500년 무렵, 팔레스타인에 살던 사람들은 유대 인이었어요. 그런데 **서기 70년 무렵에 로마 제국이 유대 인을 팔레스타인에서 강제로 쫓아냈어요. 유대 인은 흩어졌고, 팔레스타인에는 아랍 인이 자리를 잡게 되었지요.** 그 후 팔레스타인은 오랫동안 평화로웠어요.

제1차 세계 대전이 시작되고 얼마 지나지 않은 1915년이었어요. 이집트에 있는 영국의 고등 판무관 맥마흔은 아라비아 반도 메카에 있는 무함마드의 후손인 샤리프 후사인과 편지를 주고받았어요. 맥마흔은 후사인에게 아랍 인들이 독일 편에 선 오스만 제국을 공격해 주면 전쟁이 끝난 후 아랍 인의 국가를 세울 수 있도록 해 주겠다고 했지요. 이를 '맥마흔 선언'이라고 해요.

오스만 제국은 이슬람 국가이지만 아랍 인이 아닌 튀르크 족이 세운 나라예요. 오랜 시간 오스만 제국의 지배를 받고 있던 아랍 인들은 오스만 제국의 지배에서 벗어나고 싶었어요. 후사인은 맥마흔의 약속을 철석같이 믿고, 1916년 6월에 아랍 인을 이끌고 제1차 세계 대전에 뛰어들었어요. 영국을 도운 아랍 인들 덕분에 연합국은 오스만 제국을 무찌를 수 있었지요.

영국은 아랍 인과 한 약속을 지켰을까요? 아니에요. 아랍 인이 제1차 세계 대전에 참전하여 오스만 제국과 싸우기 한 달 전인 1916년 5월이었어요. 영국 대표인 마크 사이크스와 프랑스 대표인 조르주 피코가 러시아의 상트페테르부르크에서 비밀리에 만났어요. 영국, 프랑스, 러시아는 비밀 협정을 맺고, 전쟁이 끝나면 오스만 제국의 영토를 나누어 갖기로 했어요. 영국이 메소포타미아 남부, 프랑스가 시리아와 레바논, 러시아가 터키 동부 지역을 차지하기로 한 거예요. 이 비밀 협정을 '사이크스-피코 협정'이라고 해요. 이 협정을 따른다면 영국의 맥마흔이 아랍의 지도자 후사인에게 한 약속은 지킬 수 없게 되지요.

이뿐만이 아니었어요. 1917년에 영국의 외무 장관 밸푸어가 유대 인들에게 연합국을 도와준다면 유대 인들의 소망대로 팔레스타인에 나라를 세울 수 있도록 해 주겠다고 했어요. 이를 '밸푸어 선언'이라고 해요. 유대 인들도 18세기 후반부터 팔레스타인에 유대 인의 나라를 세우자는 운동을 하고 있었지요. 그런데 밸푸어 선언에는 문제가 있었어요. 밸푸어 선언을 지키면 맥마흔 선언을 지킬 수 없고, 맥마흔 선언을 지키면 밸푸어 선언을 지킬 수 없었기 때문이에요.

　　제1차 세계 대전이 끝날 무렵, 후사인이 시리아 다마스쿠스에 나라를 세웠어요. 그 뒤를 이어 서아시아에 아랍 인이 세운 나라들이 들어섰어요. 이 나라들은 영국과 프랑스의 위임 통치를 받았지요. 위임 통치는 제1차 세계 대전 이후에 영국, 프랑스 등 국제 연맹의 위임을 받은 강대국이 독일과 오스만 제국의 식민지들을 대신 다스리는 거예요. 서아시아 나라들은 제2차 세계 대전이 끝난 뒤에야 독립할 수 있었어요.
　　팔레스타인도 다른 아랍 국가들처럼 영국의 위임 통치를 받았어요.

그 사이 팔레스타인으로 들어오는 유대 인의 수가 점점 늘어났지요.
영국은 아랍 인과 유대 인에게 '팔레스타인 안에 두 나라를 세우자'고 제안했어요. 하지만 아랍 인은 팔레스타인에 유대 인의 나라가 세워지면 아랍 인이 유대 인의 지배를 받을 수 있다며 반대했어요.

이스라엘이 세워지고 중동 전쟁이 터졌어요

제2차 세계 대전이 끝나자 영국과 프랑스의 위임 통치를 받던 요르단, 시리아, 레바논이 독립했어요. 그리고 팔레스타인 문제는 유엔으로 넘어갔지요. 유엔은 팔레스타인 지역을 나누어서 유대 인과 아랍 인의 나라를 따로 세우기로 했어요. 다만 유대교, 크리스트교, 이슬람교에서 모두 성지로 여기는 예루살렘은 동예루살렘과 서예루살렘으로 나누었어요. 동예루살렘은 요르단이, 서예루살렘은 유대 인이 차지하기로 했지요.

유대 인들은 유엔의 결정을 받아들였어요. 하지만 **아랍 인들은 유엔의 결정을 받아들일 수 없었어요. 유엔의 결정이 유대 인들에게 좀 더 유리했기 때문이에요. 인구가 더 적은 유대 인이 더 넓은 영토를 차지했을 뿐만 아니라 유대 인이 차지한 땅이 훨씬 비옥했어요.**

1948년에 유대 인들은 이스라엘 공화국을 세웠어요. 유대 인들은 만세를 부르며 기쁨의 눈물을 흘렸지만 팔레스타인에 사는 아랍 인과

팔레스타인 주변에 있는 아랍 국가들은 크게 분노했어요. 결국 **이스라엘이 세워진 지 이틀 뒤에 이집트, 이라크, 시리아, 레바논, 요르단이 힘을 합해 이스라엘을 공격했어요. 이 전쟁이 '제1차 중동 전쟁'이에요.**

'중동'은 유럽 사람들이 유럽에서 좀 떨어진 아시아를 부르는 말이에요. 유럽 사람들은 아시아 대륙을 근동, 중동, 극동으로 나누었어요. 하지만 어디에서 어디까지가 근동인지, 중동인지, 극동인지는 정확하지 않아요. 대략 중동은 아프가니스탄으로부터 서쪽의 서남아시아와 아프리카 북동부의 이집트, 때로는 리비아까지를 가리켜요. 중동이란 말은 유럽의 관점에서 쓴 말이기 때문에 중동 전쟁을 '아랍-이스라엘 전쟁' 또는 '팔레스타인 전쟁'이라고도 해요.

제1차 중동 전쟁이 일어나자 처음에는 아랍 연합군이 이길 것 같았어요. 하지만 이스라엘이 곧 힘을 키워 아랍 연합군을 공격하여 팔레스타인 지역의 대부분을 차지했어요. 제1차 중동 전쟁은 9개월이나 계속되다가 유엔이 나선 후에야 끝났어요. 이때 수십만 명의 아랍 인이 이스라엘이 점령한 팔레스타인 지역에서 쫓겨나 난민이 되었지요.

1956년에 이스라엘이 영국, 프랑스와 함께 이집트의 시나이 반도를 공격했어요. '제2차 중동 전쟁'이 시작된 거예요. 영국과 프랑스가 왜 중동 전쟁에 뛰어들었을까요? 바로 수에즈 운하 때문이었어요. 수에즈 운하는 지중해와 홍해를 잇는 운하로, 아시아와 유럽을 연결하는 가장 짧은 바닷길이지요.

수에즈 운하는 이집트 땅에 있지만 영국과 프랑스의 돈을 빌려 지은 데다 경영권은 영국이 갖고 있었어요. 1952년에 이집트

왕을 쫓아내고 대통령이 된 나세르는 수에즈 운하를 영국으로부터 되찾겠다고 했어요. 영국과 프랑스는 이를 두고 볼 수 없었어요. 이스라엘도 이집트가 수에즈 운하를 차지하는 것이 못마땅했지요. 이집트가 이스라엘 선박이 수에즈 운하를 통과하는 것을 방해하고 있었기 때문이에요.

영국과 프랑스는 이스라엘을 몰래 만나 이집트를 공격하자고 약속했어요. 이에 따라 이스라엘이 먼저 이집트의 시나이 반도를 공격하고, 이틀 후에 영국과 프랑스가 수에즈 운하를 폭격했어요. 이스라엘은 얼마 지나지 않아 시나이 반도 전체를 차지했어요. 이스라엘, 영국, 프랑스가 힘을 합하자 이집트는 꼼짝할 수 없었지요. 그러자 유엔이 나서서 시나이 반도에서 이스라엘을 내보내고, 영국과 프랑스도 이집트를 공격하지 말라고 했어요. 제2차 중동 전쟁은 이렇게 끝이 났어요. **시나이 반도와 수에즈 운하를 둘러싸고 벌어진 이 전쟁을 '시나이 전쟁' 또는 '수에즈 전쟁'이라고도 해요.**

제2차 중동 전쟁이 끝난 뒤에 팔레스타인에서 쫓겨난 아랍 인들이 '팔레스타인 해방 기구'를 만들었어요. '피엘오(PLO)'라고도 해요. 팔레스타인 해방 기구의 의장은 아라파트였어요. 아라파트는 끊임없이 이스라엘에 맞서 싸웠어요. 시리아와 요르단이 팔레스타인 해방 기구를 도와주었지요. 이스라엘은 팔레스타인 해방 기구를 도와주는 시리아

와 요르단이 눈엣가시였어요. 특히 시리아는 토지가 비옥한 골란 고원을 놓고 이스라엘과 맞서고 있었지요. 두 나라 사이에 갈등이 커질 수밖에 없었던 거예요.

중동 전쟁이 석유 전쟁으로 바뀌었어요

　1967년에 이스라엘이 시리아를 공격했어요. '제3차 중동 전쟁'이 시작된 거예요. 제2차 중동 전쟁이 끝난 지 11년 만이었어요. 이스라엘이 시리아를 공격하자 이집트가 시나이 반도에 군대를 보냈어요. 그러자 이스라엘은 이집트, 시리아, 요르단을 폭격하기 시작했지요. 이스라엘은 이집트의 시나이 반도, 요르단 강의 서쪽 기슭, 시리아의 골란 고원을

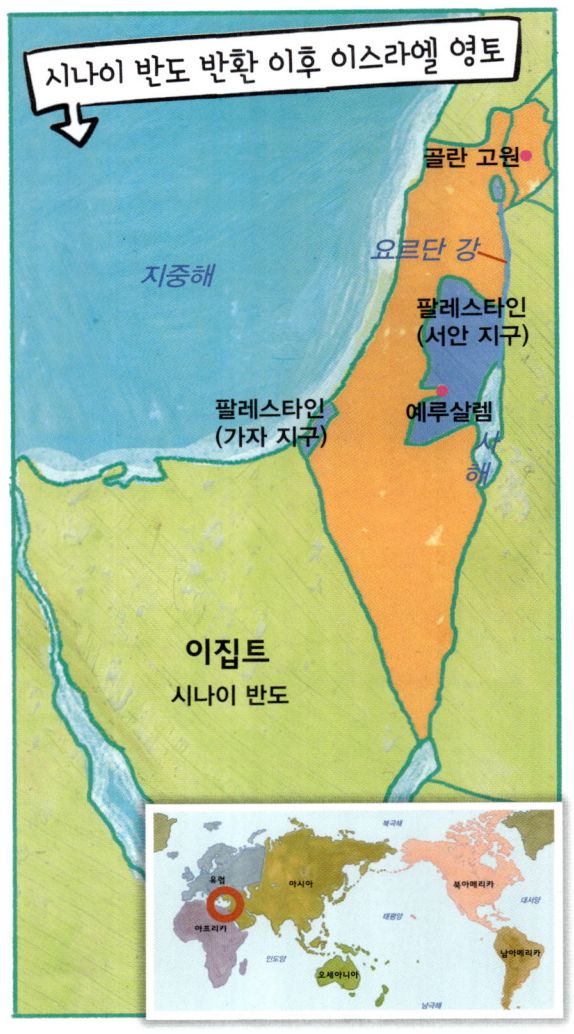

순식간에 차지했어요. 전쟁을 시작한 지 6일 만이었지요. 그래서 제3차 중동 전쟁을 '6일 전쟁'이라고도 해요.

시나이 반도, 요르단 강의 서쪽 기슭, 골란 고원을 얻은 이스라엘의 영토는 크게 늘어났어요. 이스라엘은 수도를 텔아비브에서 유대교, 이슬람교, 크리스트교의 성지인 예루살렘으로 옮겼어요. 그리고 이스라엘 국민들을 예루살렘으로 옮겨와 살게 했지요.

제3차 중동 전쟁에서도 아랍 국가들은 이스라엘과 맞붙어 크게 패했어요. 중동 전쟁에서 아랍 국가들은 이스라엘을 한 번도 이기지 못했어요. 미국, 영국, 독일 등 서방 세계가 이스라엘을 도와주었기 때문이에요. 아랍 인들은 미국을 비롯한 서양 강대국을 더욱 미워하게 되었지요. 이때부터 팔레스타인 해방 기구는 세계 여기저기에서 테러를 저지르기 시작했어요. '테러'는 다른 사람을 공포에 빠뜨리려고 폭력을 쓰는 범죄예요. 테러를 저지르는 사람을 '테러리스트'라고 하지요. 팔레스타인 해방 기구는 이스라엘을 도와주는 서양 강대국과 직접 맞붙어서는 이길 수 없었기 때문에 테러를 저지른 것이에요.

제3차 중동 전쟁을 끝내고 6년이 지난 1973년, 이집트와 시리아가 이스라엘을 공격했어요. 제3차 중동 전쟁 때 이스라엘에 빼앗긴 땅을 되찾기 위해서였지요. 제4차 중동 전쟁이 시작된 거예요. 아직 세계는 동서 냉전이 끝나지 않은 상태였어요. 소련은 이집트에 로켓과 미사일을 보내 주었어요. 아랍 군대의 군사력이 그전보다 훨씬 강해졌지요. 이 때문에 이스라엘이 밀리자 미국이 이스라엘을 도와주었어요. 이스라엘은 미국의 도움을 받아 이집트와 시리아를 물리쳤지요.

이 무렵, 아랍 석유 수출국 기구에 속해 있는 나라들이 석유 가격을 크게 올렸어요. 석유 가격이 몇 배나 뛰었지요. 그러자 석유를 많이 쓰는 세계 여러 나라가 큰 고통을 겪었어요. 아랍 국가들이 석유를 무기 삼아 서양 강대국에 맞선 것이었어요. 이듬해에 미국과 소련의 노력으로 이스라엘과 아랍 국가들은 휴전을 했지요.

제4차 중동 전쟁은 끝났지만 전 세계 경제가 큰 어려움에 빠졌어요. 비싼 석유 때문에 공장에서 생산되는 제품의 가격도 비싸진 거예요. 물가가 치솟고 소비가 줄었어요. 많은 사람이 일자리를 잃었지요. 이를 '제1차 석유 파동'이라고 해요. 그 후 이란 혁명과 이란·이라크의 전쟁으로 '제2차 석유 파동'이 일어났어요. 이 이야기는 조금 있다 들려줄게요.

제4차 중동 전쟁이 끝난 후, 중동의 평화를 바라는 세계 여론이 높아졌어요. 제4차 중동 전쟁 이후의 중동에는 어떤 일이 있었는지 알아볼까요?

평화 협정을 맺었지만 평화는 오지 않았어요

1977년에 중동 전쟁을 이끌던 이집트와 이스라엘이 화해의 발걸음을 내딛었어요. 이집트의 대통령 사다트가 이스라엘을 방문했지요. 곧이어 이스라엘의 총리인 베긴도 이집트를 방문했어요. 그러자 미국이 나섰어요.

1978년에 미국의 제39대 대통령 지미 카터가 이집트의 사다트와 이스라엘의 베긴을 미국 대통령의 별장인 캠프 데이비드로 초청했어요. 이때부터 중동 평화를 위한 협상이 시작되었어요. 물론 쉽지는 않았지요. 평화 협상을 반대하는 아랍 인과 유대 인이 많았기 때문이에요.

미국의 카터 대통령은 포기하지 않았어요. 마침내 미국 워싱턴에서 이스라엘과 이집트가 중동 평화 조약을 맺었어요. 이 조약을 '캠프 데이비드 협정'이라고 해요. 이 조약에 따라 이스라엘은 제3차 중동 전쟁 때 차지했던 시나이 반도

를 이집트에 돌려주었어요. 이집트와 이스라엘은 공식적인 외교 관계를 맺고, 이스라엘 선박이 수에즈 운하를 오갈 수 있도록 했지요. 이스라엘은 요르단 강 서안 지구와 가자 지구에 살고 있는 팔레스타인 사람들이

자치 정부를 만들 수 있도록 하겠다고 했어요. 하지만 이스라엘은 이를 곧바로 실천하지 않았어요. 팔레스타인 사람들뿐만 아니라 아랍 세계 전체가 분노했어요. 결국 중동 평화의 길을 열고 이스라엘과 협상했던 이집트의 사다트는 배반자로 찍혀서 암살당하고 말았지요.

1982년에 이스라엘은 팔레스타인 해방 기구를 뿌리 뽑겠다며 레바논을 침공했어요. 레바논에 팔레스타인 해방 기구의 조직원이 많이 살았기 때문이에요. **1987년에 가자 지구와 요르단 강 서안 지구, 예루살렘에 사는 팔레스타인 사람들이 이스라엘의 통치에 저항하며 일어났어요.** 이때 이스라엘 군의 공격으로 수많은 팔레스타인 사람이 목숨을 잃었지요. 이를 '1차 인티파다'라고 해요. 아랍 어로 '민중 봉기'라는 뜻이에요. **이 일로 팔레스타인 문제가 전 세계의 관심을 끌게 되었어요.**

1993년에야 팔레스타인에 평화의 기운이 감돌기 시작했어요. 노르웨이 오슬로에서 이스라엘의 총리 이츠하크 라빈과 팔레스타인 해방 기구의 의장인 아라파트가 만났어요. **라빈과 아라파트는 요르단 강 서안 지구와 가자 지구에 팔레스타인 자치 정부를 세우기로 평화 협정을 맺었어요. 이 협정을 '오슬로 평화 협정'이라고 해요.** 하지만 모든 이스라엘 사람이 평화 협정을 받아들인 것은 아니었어요. 결국 라빈은 평화 협정을 반대한 유대 인에게 암살당했어요. 아라파트를 비롯해 많은 아랍 인은 팔레스타인으로 돌아와 팔레스타인 자치 정부를 꾸렸지요. 팔레스타인 자치 정부의 수반은 아라파트가 되었어요. 이때가 1996년이에요.

이제 팔레스타인에 평화가 찾아온 걸까요? 안타깝게도 그렇지 못했어요. 2000년에 이스라엘의 정치인 아리엘 샤론이 동예루살렘에 있는 이슬람 사원에 가서 '동예루살렘은 이스라엘의 땅'이라고 했어요. 화가 난 팔레스타인 사람들이 항의하며 시위를 시작했지요. 이 사건을 '2차 인티파다'라고 불러요.

이스라엘 군인들은 시위를 하는 팔레스타인 사람들을 향해 총을 쏘았어요. 팔레스타인 사람들은 이에 맞서 이스라엘 사람들에게 테러를 저질렀어요. 양쪽에서 수많은 사람이 죽거나 다쳤지요. 이스라엘과 팔레스타인의 갈등은 아직도 계속되고 있어요.

이제 팔레스타인 동쪽에 있는 이란과 이라크로 가 볼까요? 이 지역도 팔레스타인만큼이나 전쟁이 잦았어요.

이란, 이라크에서 연이어 전쟁이 터졌어요

1979년에 이란과 이라크에 큰 변화가 생겼어요. 이집트와 이스라엘이 평화 협정을 맺었던 바로 그해였어요. 팔레비가 다스리던 이란에서 혁명이 일어났어요. 팔레비 왕조는 미국을 비롯한 서양 강대국과 사이가 좋았지요. 이슬람교 시아파를 믿는 국민들은 이를 못마땅하게 여겼어요. **시아파의 지도자인 호메이니가 혁명을 일으켜 팔레비 왕을 내쫓고 이슬람 공화국을 세웠어요.**

권력을 잡은 호메이니는 이슬람교 교리에 따라 이란을 다스렸어요. 이란에서는 술과 음악을 즐길 수 없게 되었고, 여자들은 '차도르'라는 천으로 온몸을 감싸고 다녀야 했지요. 이뿐만이 아니었어요. 석유 사업으로 이란에서 큰돈을 벌던 미국 기업도 모두 쫓겨났어요. 이란은 석유 생산량을 크게 줄이고, 석유도 수출하지 않겠다고 했어요. 갑자기 석유 값이 크게 올랐고, 세계 여러 나라의 경제는 큰 어려움을 겪게 되었어요. 이것이 '제2차 석유 파동'이에요.

이제 이란과 이웃하고 있는 이라크로 가 볼까요? 이란 혁명이 일어난 바로 그해에 사담 후세인이 이라크의 대통령이 되었어요. 이듬

해. **이라크는 이란 혁명을 빌미로 이란으로 쳐들어갔어요.** 이란·이라크 전쟁이 시작된 거예요. 이라크가 왜 이란으로 쳐들어갔을까요?

이라크와 이란은 아주 오랫동안 사이가 좋지 않았어요. 두 나라가 여러모로 달랐기 때문이에요. 우선 이라크와 이란은 민족이 달라요. 이라크는 아랍 인이고, 이란은 페르시아 인이에요. 두 나라 모두 이슬람교를 믿었지만 다른 종파를 믿었어요. 이라크는 수니파를 믿는 사람이 많고, 이란 사람들은 대부분 시아파를 믿지요. 기억하지요? 수니파는 무함마드가 죽은 후에 이슬람 세계를 이끌었던 모든 칼리프를 인정해요. 이슬람교 신자의 90퍼센트(%)가 믿어요. 이에 비해 시아파는 '알리를 따르는 사람'이라는 뜻으로, 무함마드의 사위이자 제4대 칼리프인 알리와 알리의 후손만 최고 지도자로 인정해요. 이슬람교 신자의 10퍼센트(%) 정도가 믿지요.

이라크가 이란을 쳐들어간 또 다른 이유는 샤트알아랍 강 때문이에요. 샤트알아랍 강은 페르시아 만과 이어져 있어 석유를 실은 배가 드나드는 중요한 강이에요. 샤트알아랍 강의 서쪽이 이라크, 동쪽이 이란이에요. 두 나라는 샤트알아랍 강을 서로 차지하려고 오랫동안 다투었어요. 샤트알아랍 강은 1937년부터 이라크의 소유였는데, 1970년에 이란의 팔레비 왕이 미국의 힘을 이용해 차지해 버렸지요.

그 후 이란과 이라크가 협정을 맺어 가장 깊은 곳을 기준으로 강을 나누었지만 후세인은 호시탐탐 샤트알아랍 강을 완전히 차지할 기회를 노리고 있었어요. 마침 이란에서 호메이니가 혁명을 일으켜 팔레비 왕을

쫓아내자 이를 빌미로 이라크가 이란으로 쳐들어갔어요.

  8년이나 이어진 이란·이라크 전쟁은 1988년에야 이라크의 승리로 끝이 났어요. 이란 혁명의 영향이 다른 나라로 퍼지는 것이 두려웠던 사우디아라비아와 미국 등이 이라크를 도와주었기 때문이에요. 하지만 오랜 전쟁으로 이란과 이라크의 도시와 석유 시설이 많이 파괴되었어요.

  전쟁에서는 이겼지만 이라크는 전쟁을 치르느라 큰 빚을 지게 되었어요. 이라크의 후세인 대통령은 석유가 많이 묻혀 있는 쿠웨이트를 차지하면 빚을 갚을 수 있을 거라고 생각했어요. 1990년에 이라크가 쿠웨이트를 쳐들어갔어요. 이란·이라크 전쟁에서 이라크를 도왔던 미국을 비롯한 세계 여러 나라는 깜짝 놀랐어요. 유엔 안전 보장 이사회는 후세인에게 쿠웨이트에서 물러나지 않으면 군대를 보내겠다고 했지요. 그렇지만 후세인은 이 말을 무시했어요.

1991년에 미국을 비롯해 30여 국가로 이루어진 다국적군이 이라크를 공격했어요. 이 전쟁을 '걸프 전쟁'이라고 해요. '걸프'는 페르시아 만을 영국에서 이르던 이름이었어요. 페르시아 만 근처에서 전쟁이 벌어져서 걸프 전쟁이라고 하지요. 미국의 전투기와 미사일이 이라크를 공격했어요. 걸

프 전쟁에 사용된 전쟁 비용과 장비 대부분은 실제로 미국이 댔어요. 걸프 전쟁은 미국과 이라크 사이의 전쟁이나 다름없었지요.

이라크는 전쟁이 시작된 지 40일 만에 항복을 선언했어요. 이라크의 전 국토는 파괴되었고, 약 20만 명의 이라크 군인들이 목숨을 잃었어요. 이에 비해 다국적군은 400명 정도가 목숨을 잃었지요. 미국은 걸프 전쟁을 통해 미국의 군사력이 얼마나 강한지를 전 세계에 보여 주었어요.

이때부터 과격한 이슬람교 신자들이 미국을 비롯한 서양 강대국 사람들에게 더 자주 테러를 저지르기 시작했어요. 다음에는 전 세계를 큰 충격에 빠뜨린 테러가 일어난 미국으로 가 보아요.

9·11 테러가 일어났어요

아랍 인들은 제2차 세계 대전이 끝난 뒤부터 미국을 좋게 보지 않았어요. 유대 인들이 팔레스타인에 이스라엘을 세울 때 미국이 앞장서서 도와주었기 때문이에요. 그 후 중동 전쟁 때도 아랍 인들은 미국이 이스라엘 편만 들고 이슬람 국가들을 괴롭힌다고 생각했지요.

2001년 9월 11일 오전 9시, 미국의 여객기 2대가 잇달아 뉴욕 한복판에 있는 쌍둥이 건물인 세계 무역 센터를 들이받았어요. 비행기 고장이나 비행기 조종사의 실수로 부딪힌 게 아니었어요. 테러 조직이 비행기를 납치해 일부러 세계 무역 센터를 들이받은 것이었지요. 쌍둥이 건물은 눈 깜짝할 사이에 무너져 내렸어요. 빌딩 안에 있던 수천 명이 목숨을 잃었지요.

약 30분 후에 또 다른 비행기가 워싱턴에 있는 미국 국방부 건물을 들이받았어요. 미국 국방부 건물도 테러로 부서졌지요. 이곳에서도 125명이 목숨을 잃거나 실종되었어요. 그로부터 30분 뒤에는 또 하나의 비행기가 미국 펜실베이니아 주 피츠버그 부근에 떨어졌어요. 비행기 승객들이 테러범들과 싸워 건물에는 충돌하지 않은 거예요. 하지만 안타깝게도 승객들은 모두 목숨을 잃었어요.

9월 11일에 일어난 이 사건을 '9·11 테러'라고 해요. 미국의 한복판에서 수천 명이 목숨을 잃는 테러가 일어난 것은 미국이 생겨난 이후 처음이었어요. 미국 사람들뿐만 아니라 전 세계 사람들이 큰 충격을 받고, 슬픔과 분노를 느꼈지요.

얼마 뒤, **9·11 테러는 극단적 이슬람 원리주의 단체인 알카에다가 저질렀다는 것이 밝혀졌어요.** 이슬람 원리주의는 18세기의 와하브 운동에서 시작되었어요. 와하브 운동은 이슬람교의 기본 정신으로 돌아가야 한다는 사상인데, 알카에다는 이를 극단적으로 내세우며 활동한 거예요. **미국은 '테러와의 전쟁'을 선포했어요.** 미국의 대통령 조지 부시는 알카에다를 찾아 뿌리를 뽑을 것이며 알카에다를 도와주거나 보호하는 나라도 가만두지 않겠다고 했어요.

2001년 10월, 미국은 알카에다를 이끄는 오사마 빈라덴이 아프가니스탄에 숨어 있다며 아프가니스탄으로 쳐들어갔어요. 당시 아프가니스탄은 이슬람 원리주의 세력인 탈레반이 지배하고 있었어요. 탈레반 정권은 2001년 3월에 아프가니스탄 중부에 있는 바미안 석불들을 대포로 부수어 세계 여러 나라로부터 큰 비난을 받았어요. 탈레반은 불교 유적이라는 이유로 세계 문화유산인 바미안 석불들을 없애 버린 거예요.

폭격 전   폭격 후

미국은 한 달도 되지 않아 아프가니스탄에서 탈레반 정권을 몰아냈

어요. 그리고 미국 말을 잘 듣는 새로운 정부를 세웠지요. 하지만 알카에다의 지도자 오사마 빈라덴은 찾을 수 없었어요.

미국은 아프가니스탄에 이어 이라크를 공격하겠다고 했어요. 이라크가 많은 사람을 한꺼번에 죽일 수 있는 '대량 살상 무기'를 만들어 숨겨 두고 있으며 테러 단체를 도와주기 때문이라고 했지요.

2003년에 미국의 전투기가 이라크의 여러 도시를 폭격했어요. 이 전투는 오래 가지 않았어요. 미국은 전쟁을 시작한 지 26일 만에 이라크의 수도인 바그다드를 함락시켰어요. 이라크의 대통령 사담 후세인도 체포했지요. 하지만 이번에도 알카에다의 지도자인 오사마 빈라덴은 찾지 못했어요. 대량 살상 무기도 찾을 수 없었지요. 그래서 미국이 이라크의 석유를 노리고 이라크로 쳐들어왔다고 생각하는 사람들이 많았어요.

이렇게 해서 테러와의 전쟁은 마무리를 지었어요. 하지만 테러가 없어진 것도, 중동에 평화가 온 것도 아니었어요. 전 세계가 모두 평화를 바라지만 아직까지는 뾰족한 해법을 찾지 못하고 있답니다.

지도 위 세계사
중동에서 만나는 중동 전쟁

중동은 오늘날 서남아시아 일대와 아프리카 북부까지의 지역을 말해요. 유대 인들이 팔레스타인 지역에 이스라엘을 세우면서 분쟁이 생겼지요. 중동에서 분쟁이 일어났던 곳을 찾아가 보아요.

수에즈 운하

이집트의 시나이 반도 서쪽에 만들어진 운하예요. 아프리카 대륙을 돌아가지 않고 곧바로 아시아와 유럽을 연결하는 통로라서 아주 중요한 역할을 하지요. 1956년에 이집트의 나세르 대통령이 수에즈 운하의 국유화를 선언하자 영국과 프랑스, 이스라엘이 이집트를 공격해 싸움이 일어났어요.

가자 시티

팔레스타인 남서부에 있는 가자 지구 최대의 도시예요. 1967년에 일어난 6일 전쟁에서 이스라엘이 점령하였으나, 1994년에 팔레스타인 자치 정부의 영토가 되었어요. 팔레스타인에서 온 아랍 피난민이 많이 모여 살며 지금도 잦은 분쟁이 일어나고 있어요.

예리코

요르단 강 서쪽에 있어요. 구약 성서에도 나오는 세계에서 가장 오래된 도시 가운데 하나예요. 1967년에 일어난 6일 전쟁 때 이스라엘군이 점령한 후 줄곧 이스라엘이 장악하고 있어요.

골란 고원

시리아와 이스라엘 사이에 있는 구릉 지대로 전략적으로 중요한 곳이에요. 1973년의 아랍과 이스라엘 전쟁 이후 유엔이 이곳에 중간 지대를 두었으나 지금은 이스라엘이 점령하고 있어요.

| 1996년 |
| 복제 양 돌리 태어남 |

1993년
유럽 연합(EU) 출범

1993년
우루과이 라운드 협상 타결

1957년	1967년	1969년	1991년
소련,	유럽 공동체(EC) 출범	미국,	월드 와이드 웹(WWW)
스푸트니크 1호 발사		아폴로 11호 달 착륙	서비스 시작

3장
경제와 과학의 발전

20세기 후반에 소련이 해체되고 동유럽에서
공산 정권이 무너지면서 자본주의 세계가 넓어졌어요.
세계 여러 나라는 무역을 통해 경제를 발전시키려고 끊임없이 노력했어요.
이를 위해 가까운 나라끼리 경제 협력체를 만들기도 했지요.
이번 장에서는 유럽 연합을 비롯해 전 세계에 있는 중요한 경제 협력체의
역사를 알아볼 거예요. 그리고 이때 이루어진 놀랄 만한
과학적 성과도 살펴보아요.

1993년
유럽 연합(EU) 출범
우루과이 라운드 협상 타결

1995년
세계 무역 기구(WTO) 출범

1996년
복제 양 돌리 태어남

유럽 연합이 탄생했어요

유럽은 20세기 동안 두 차례에 걸쳐 일어난 세계 대전 때문에 수많은 사람이 목숨을 잃었어요. 도시와 산업 시설도 파괴되었지요. 그 후 유럽에서는 전쟁이 일어나지 않게 할 방법을 찾았어요.

1950년에 프랑스의 외무 장관 로베르 쉬망은 무기를 만드는 데 필요한 석탄과 철강 등을 함께 관리하자고 유럽의 여러 나라에 제안했어요. 이에 독일, 이탈리아, 벨기에, 네덜란드, 룩셈부르크가 제안을 받아들였어요. 이듬해 이 나라들은 '유럽 석탄 철강 공동체'를 만들었어요. 유럽 석탄 철강 공동체를 '이시에스시(ECSC)'라고도 해요. 유럽 석탄 철강 공동체는 석탄과 철강의 생산량과 가격을 함께 결정하고, 거래할 때 관세를 받지 않기로 했지요. **유럽은 유럽 석탄 철강 공동체를 시작으로 하나의 유럽을 향한 발걸음을 내딛기 시작했어요.**

1958년에 유럽 석탄 철강 공동체 회원국인 6개국은 유럽 원자력 공동체를 만들었어요. 유럽 원자력 공동체를 '유라톰(EURATOM)'이라고도 해요. 원자력을 평화적으로 이용하기 위해 만들었지요. 이 나라들은 유럽 공동 시장도 만들었어요. 유럽 공동 시장은 유럽 경제 공동체라고도 하는데, 유럽 경제 공동체를 '이이시(EEC)'라고도 해요. 회원국끼리는 관세가 없이 자유롭게 무역을 하고, 기업이나 노동자, 자본도 자유롭게 옮겨 다닐 수 있도록 했지요. 회원국들을 한 나라처럼 만들려고 한 거예요.

1967년에 유럽 석탄 철강 공동체, 유럽 원자력 공동체, 유럽 공동 시장이 하나의 유럽을 목표로 하는 '유럽 공동체'로 발전했어요. 유럽 공동체를 '이시(EC)'라고도 해요. 유럽 공동체는 유럽 석탄 철강 공동체를 결성했던 유럽 6개 국가가 모여 시작했어요. 유럽 최고의 선진국인 영국은 가입하지 않았지요. 1970년대로 들어오면서 유럽 공동체에 가입한 나라의 수가 크게 늘었어요. 1973년에 영국, 덴마크, 아일랜드가, 1981년에 그리스가, 1986년에 포르투갈과 에스파냐가 가입했지요.

1993년에 유럽 공동체가 마스트리흐트 조약에 따라 유럽 연합으로 발전했어요. 유럽 연합은 '이유(EU)'라고도 해요. 유럽 연합 본부는 벨기

에의 브뤼셀에 있어요. 유럽 연합 안에는 법을 만들어 정하는 기구인 각료 이사회, 법을 집행하는 기구인 집행 위원회, 법에 따라 재판을 하는

유럽 사법 재판소가 있어요. 또한 참가국의 의견을 모으고, 유럽 연합의 예산을 살피는 유럽 의회도 있지요. 마치 하나의 국가처럼 유럽 연합 안에 행정부, 입법부, 사법부를 둔 것이에요. 유럽 연합의 최고 우두머리는 '상임 의장'이에요. 유럽 연합 회원국의 국민들은 회원국이면 어느 나라에서든 관세를 물지 않고 필요한 물건을 살 수 있고, 원하는 직장을 가질 수 있게 되었어요.

유럽 연합은 2002년에 회원국의 화폐를 '유로화'로 통일했어요. 유로화가 만들어지기 전에는 다른 나라에서 물건을 사려면 그 나라 돈으로 바꿔야 했어요. 예를 들어, 독일 사람

이 프랑스에서 물건을 사려면 독일 화폐인 마르크를 프랑스 화폐인 프랑으로 바꾸어야 했지요. 하지만 지금은 그럴 필요가 없어요. **유로화를 쓰는 유럽 연합의 회원국끼리는 어디서든 유로화로 물건을 살 수 있어요.** 물론 유럽 연합에 가입한 모든 나라에서 유로화를 쓰지는 않아요. 덴마크, 스웨덴을 비롯한 9개국은 아직도 자기 나라의 화폐를 그대로 쓰고 있지요.

유럽에 있는 주요 나라 가운데 스위스, 노르웨이 등은 유럽 연합에 가입하지 않았어요. 스위스는 영세 중립국의 전통을 지키기 위해 가입하

지 않았어요. 하지만 관광지나 백화점 등에서는 유로화를 쓰지요. 북유럽에 있는 노르웨이는 국민들이 유럽 연합 가입에 모두 찬성하지 않았기 때문에 가입하지 않았어요. 아시아와 유럽에 걸쳐 있는 터키는 유럽 연합에 가입하고 싶어 하지만 터키의 유럽 연합 가입을 반대하는 회원국들 때문에 가입하지 못하고 있어요. 2000년대 이후 동유럽 국가들이 가입하면서 유럽 연합의 회원국이 크게 늘었어요.

 2010년대 들어 독일, 프랑스 등의 선진국과 그리스, 포르투갈, 동유럽 국가들의 경제 수준의 차이가 커서 여러 문제가 나타나고 있어요.

그리스에서 시작된 경제 위기가 이탈리아, 에스파냐로 퍼져 나갔어요. 그 영향은 유럽 연합 전체로 퍼졌지요.

또한 2010년대 중반부터 지중해와 맞닿아 있는 서아시아, 아프리카, 발칸 반도에서 수많은 난민이 유럽으로 쏟아져 들어오고 있어요. 특히 내전에 시달리는 시리아의 난민이 가장 많이 지중해를 통해 유럽으로 탈출하고 있지요. 2016년에는 영국이 국민 투표를 통해 유럽 연합에서 탈퇴하기로 결정했어요.

유럽만 경제 협력체를 만든 것은 아니에요. 다른 지역에서도 경제 협력체를 만들기 시작했지요. 그럼 아시아에서 만들어진 경제 협력체를 알아볼까요?

아시아도 경제 협력체를 만들었어요

1967년에 유럽 공동체가 만들어지고 한 달이 지난 뒤였어요. **인도네시아, 말레이시아, 싱가포르, 필리핀, 타이가 모여 '동남아시아 국가 연합'을 만들었어요.** 동남아시아 국가 연합을 '아세안(ASEAN)'이라고도 해요. 그 후 브루나이, 베트남, 라오스, 미얀마, 캄보디아가 더 들어와 10개 국가가 되었어요. 동남아시아 국가 연합은 유럽 연합처럼 정치, 경제, 문화 공동체를 목표로 노력하고 있어요.

2003년에 동남아시아 국가 연합에 속하는 6개 국가가 '아세안 자유 무역 협정'을 맺었어요. 아세안 자유 무역 협정을 '아프타(AFTA)'라고도 해요. 다른 말로 '아세안 자유 무역 지대'라고도 하지요. 싱가포르, 말레이시아, 인도네시아, 타이, 브루나이, 필리핀이 회원국이에요. 아세안 자유 무역 협정은 다른 지역의 경제 협력체와 경쟁하기 위해 만들어졌어요. 회원국끼리는 관세를 내지 않고 무역을 하는 것을 목표로 하고 있지요.

우리나라는 동북아시아에 속하기 때문에 동남아시아 국가 연합에는 가입하지 않아요. 우리나라가 속한 경제 협력체는 '아시아·태평양 경제 협력체'예요. '에이펙(APEC)'이라고도 해요. 아시아와 태평양과 맞닿아 있는 모든 나라가 가입할 수 있어요. 그래서 아시아, 아메리카, 오세아니아에 있는 나라가 모두 아시아·태평양 경제 협력체에 가입했지요. 아시아·태평양 경제 협력체는 1989년에 12개 국가로 시작했어요. 우리나라를 비롯해서 뉴질랜드, 말레이시아, 미국, 브루나이, 싱가포르, 오스트레일리아, 인도네시아, 일본, 캐나다, 타이, 필리핀이 회원국이었어요. 그 후 중국, 타이완, 홍콩, 멕시코, 파푸아 뉴기니, 칠레, 러시아, 베트남, 페루가 들어와 2016년에는 21개 국가가 회원국이에요. 아시아·태평양 경제 협력체는 해마다 회원국의 최고 지도자가 만나서 회원국 사이의 경제 협력에 관한 정상 회담을 하고 있어요.

2005년에 싱가포르, 뉴질랜드, 칠레, 브루나이가 '환태평양 전략적 경제 동반자 협정'을 맺었어요. 태평양을 둘러싼 넓은 지역을 하나의 경제권으로 묶으려는 거예요. 이 협정을 '티피피(TPP)'라고도 해요. 2016년 현재 12개 국가가 참여하는 '환태평양 경제 동반자 협정'으로 발전시키기 위해 노력하고 있어요. '환태평양 경제 동반자 협정'이 만들어지면 유럽 연합보다 큰 시장이 만들어지는 거예요. 여기에 속한 나라는 뉴질랜드, 브루나이, 싱가포르, 칠레, 미국, 오스트레일리아, 페루, 베트남, 말레이시아, 멕시코, 캐나다, 일본이에요. 우리나라도 환태평양 경제 동반자 협정에 참여하려고 준비 중이지요. 이 협정은 아직 확정된 것이 아니라서 앞으로 어떻게 될지는 정확히 알 수 없어요.

그럼, 아메리카와 아프리카에는 어떤 경제 협력체가 있는지 알아볼까요?

아메리카와 아프리카도 뭉쳤어요

유럽 연합이 만들어지고 몇 년이 지난 뒤에 북아메리카에서 경제 협력체가 만들어졌어요. **북아메리카에서 만들어진 경제 협력체는 미국, 캐나다, 멕시코가 맺은 '북미 자유 무역 협정'이에요.** 북미 자유 무역 협정을 '나프타(NAFTA)'라고도 해요.

북미 자유 무역 협정은 1990년에 멕시코의 대통령 살리나스가 미국의 부시 대통령에게 자유 무역 협정을 맺자고 하면서 시작되었어요. 미국은 이미 1989년에 캐나다와 '자유 무역 협정'을 맺었지요. 미국은 미국, 캐나다, 멕시코가 함께하는 '북미 자유 무역 협정'을 맺자고 제안했어요. 1991년에 협상을 시작해 1993년 말에 모든 절차를 끝냈지요. 북미 자유 무역 협정은 유럽 연합에 이어 두 번째로 탄생한 대규모 경제 협력체예요. 북아메리카 세 나라는 세계 총생산의 35퍼센트(%)를 차지할 정도로 규모가 크지요.

　하지만 미국, 캐나다, 멕시코에서 북미 자유 무역 협정을 반대하는 소리도 높았어요. 미국 사람들은 기업들이 노동자의 임금이 싼 멕시코로 공장을 옮기면 미국에 실업자가 많이 생길 것을 걱정했어요. 캐나다는 멕시코와 자유 무역 협정을 맺어도 이익이 많지 않을 거라며 큰 관심을 보이지 않았어요. 멕시코는 미국 공장이 한꺼번에 멕시코로 옮겨 오면 환경이 오염되고 멕시코의 빈부 격차가 심해질 것이라며 걱정했지요. 그럼에도 미국의 자본과 기술, 캐나다의 자원, 멕시코의 노동력으로 북아메리카의 경제 발전에 도움이 될 것을 기대했어요. 1994년부터 세 나라는 북미 자유 무역 협정에 따라 자유 무역을 실시하고 있어요.

　미국과 멕시코는 농산물을 수출하거나 수입할 때 관세를 붙이지 않고, 미국은 멕시코에서 생산되는 자동차를 수입할 때 관세를 붙이지 않고 있지요.

북아메리카의 세 나라가 북미 자유 무역 협정을 만들자, 남아메리카에 있는 국가들도 경제 협력체를 만들었어요. **1995년에 브라질, 아르헨티나, 우루과이, 파라과이가 '남미 공동 시장'을 만들었어요.** 남미 공동 시장을 '메르코수르(MERCOSUR)'라고도 해요. 2012년에 베네수엘라가 다섯 번째 회원국으로 들어왔지요. 남미 공동 시장은 시작할 때부터 거의 대부분의 관세를 없애고 자유 무역을 하고 있어요. 볼리비아, 에콰도르, 칠레, 콜롬비아, 페루 등이 준회원국으로 있어요.

이제, 아프리카에는 어떤 경제 협력체가 있는지 알아볼까요?

19세기와 20세기 초반까지 아프리카에 있는 대부분의 국가는 유럽 강대국의 지배를 받았어요. 1951년에 리비아가 이탈리아로부터 독립한 것을 시작으로 2011년에 남수단이 수단으로부터 독립하기까지 오랜 기간에 걸쳐 40여 개의 국가가 차례로 독립했어요. 아직도 서사하라는 모로코의 지배를 받고 있지요. 아프리카 나라들이 가장 많이 독립한 해는 1960년이었어요. 나이지리아를 비롯한 17개 국가가 독립을 이루었지요. 그래서 1960년을 '아프리카의 해'라고 한답니다.

1963년 5월에 아프리카의 최고 지도자들이 에티오피아의 수도 아디스아바바에서 모였어요. 남아프리카 공화국을 뺀 아프리카 독립국이 모두 참가했지요. **오랜 식민지 생활을 했던 아프리카 국가들은 아프리카 문제는 아프리카 국가끼리 협력해서 해결하기로 했어요. 이를 위해 '아프리카 통일 기구'를 만들었지요.** 아프리카 통일 기구를 '오에 이유(OAU)'라고도 해요. 아프리카 통일 기구는 알제리와 모로코의 다툼, 소말리아와 이집트의 국경 분쟁 등을 해결했어요. 30개 국가였던 회원국은 1994년에 53개 국가로 늘어났지요.

2001년, 아프리카 통일 기구는 아프리카 통일 기구를 없애고 더욱 강력한 정치·경제 협력체를 만들기로 했어요. 그래서 2002년에 탄생한 것이 '아프리카 연합'이에요. 아프리카 연합을 '에이유(AU)'라고도 불러요. 아프리카 연합은 유럽 연합처럼 아프리카를 하나의 국가처럼

만드는 것을 목표로 해요. 아프리카 연합의 본부는 에티오피아의 아디스아바바에 있어요. 지금은 모로코를 뺀 아프리카 국가 전체가 아프리카 연합에 속해요.

세계 무역 기구가 탄생했어요

제2차 세계 대전이 끝나고 2년이 지난 1947년이었어요. 미국을 비롯한 자본주의 진영의 23개 국가가 '관세 및 무역에 관한 일반 협정'을 맺었어요. 이 협정을 '가트(GATT)'라고도 해요. **관세 및 무역에 관한 일반 협정은 나라와 나라의 자유 무역을 방해하는 관세 같은 장벽을 없애는 것을 목표로 했어요.**

관세 및 무역에 관한 일반 협정이 맺어진 후에 세계는 많은 변화가 있었어요. 세계 곳곳에서 다양한 경제 협력체가 만들어졌지요. 유럽에는 유럽 연합이, 아시아와 태평양 지역에는 동남아시아 국가 연합과 아시아·태평양 경제 협력체가, 북아메리카에는 북미 자유 무역 협정이, 남아메리카에는 남미 공동 시장이, 아프리카에는 아프리카 연합 등의 경제 협력체가 만들어진 것이에요.

시간이 지날수록 관세 및 무역에 관한 일반 협정으로는 무역을 하면서 생기는 여러 다툼을 해결할 수 없게 되었어요. 그동안 세계 여러 나라는 여러 가지 방법으로 자기 나라의 산업을 보호하고 있었어요. 예를 들어, 다른 나라의 상품을 수입할 때 높은 관세를 매기거나 자기 나라 상품의 세금을 깎아 주거나 손해 보는 부분을 보상해 주는 방법을 이용했지요. 이것은 관세 및 무역에 관한 일반 협정을 어기는 것이었지만 강제로 못하게 할 방법이 없었어요. 미국을 비롯한 강대국도 이 협정을 어기는 경우가 많았지요.

산업과 기술이 발전하면서 또 다른 문제가 생겼어요. 공장에서 만든 공산품뿐만 아니라 금융업·보험업 등의 서비스 산업과 음악·영화·소설 같은 눈에 보이지 않는 지적 재산권까지 사고팔게 되었어요. 하지만 관세 및 무역에 관한 일반 협정으로는 서비스 산업과 지적 재산권 때문에 생기는 문제를 해결할 수 없었지요. 예를 들어, 우리나라 유명한 가수의 노래를 다른 나라에서 가수의 허락도 받지 않고 복제하여 팔 경우에 어떻게 할 것인가에 대한 규정 같은 게 없었어요.

1986년에 세계 여러 나라의 대표가 우루과이에서 만나 관세 및 무역에 관한 일반 협정의 여러 문제점을 해결하기 위한 회의를 시작했어요. 특히 농업 및 서비스 분야에 대해 의논했지요. 우루과이에서 협상이 시작되어 '우루과이 라운드'라고 해요. 라운드는 '동그란 탁자'를 말하는 데, 각 나라의 대표들이 동그란 탁자에 빙 둘러앉아 회의를 한다는 뜻에서 나온 말이에요.

7년 동안이나 계속된 우루과이 라운드는 1993년 12월에 모든 협상을 끝마쳤고, 그 결과 **1995년에 관세 및 무역에 관한 일반 협정은 없어지고 '세계 무역 기구'가 만들어졌어요.** 세계 무역 기구를 '더블유티오(WTO)'라고도 해요. 오늘날 세계 무역 기구는 우리나라를 비롯해 약 160개 국가가 가입한 세계 최대의 경제 기구예요. 세계 여러 나라의 무역 질서를 관리하고 감독하지요. 세계 무역 기구의 본부는 스위스의 제네바에 있어요.

세계 무역 기구는 무역을 하다가 다툼이 일어나면 먼저 서로 합의를 보도록 권해요. 그래도 해결이 나지 않을 경우 높은 관세를 매기거나 수입을 제한하는 등의 보복 조치를 취할 수 있도록 했어요. 예를 들어, A 나라에서 이탈리아의 유명한 가방 디자인을 그대로 베껴서 팔 경우, 이탈리아의 가방 회사는 세계 무역 기구에 재판을 요구하고, 세계 무역 기구의 판결에 따라 보상을 받을 수 있어요.

세계 무역 기구의 탄생으로 상품, 자본, 서비스 등을 자유롭게 사고

팔면서 세계 모든 나라가 하나의 거대한 시장으로 바뀌었어요. 지금 세계의 모든 기업들은 살아남기 위해서 끝없는 경쟁을 벌이고 있어요.

세계 경제가 하나로 통합하는 데는 정보와 통신 기술의 발전이 한몫했어요. 이것을 '세계화'라고 해요. 세계화로 인해 우리나라가 잘 만드는 자동차나 휴대 전화 등을 다른 나라에 쉽게 수출할 수 있게 되었지만 다른 나라의 값싼 농산물이 수입되는 바람에 우리나라 농업은 큰 피해를 입게 되었지요. 그래서 세계화에 반대하는 사람도 많아요. 세계화에 반대하는 사람들은 세계 무역 기구 또한 미국 같은 강대국이 자기 나라 제품을 더 많이 팔려고 만든 것이라고 생각해요. 자유 무역을 강조하는 세계 무역 기구가 장점보다는 단점이 더 많다는 뜻이지요.

지금까지 19세기 중반부터 20세기 초반까지 세계 경제의 흐름을 살펴보았어요. 이때는 경제 발전과 더불어 과학의 발전도 눈부셨어요. 특히 컴퓨터의 발달로 디지털과 정보화 시대가 활짝 열렸지요. 자, 그럼 컴퓨터의 발전 과정을 알아볼까요?

컴퓨터의 발달로 정보화 시대가 시작되었어요

컴퓨터의 역사는 길어야 100년이 되지 않아요. 컴퓨터는 전자계산기에서 발전하기 시작했지요. 제2차 세계 대전이 끝난 뒤인 1946년에 미국 펜실베이니아 대학 연구 팀이 '에니악'을 개발했는데, 이것이 현대 컴퓨터와 가장 비슷하다고 할 수 있어요.

에니악은 대포 탄환이 떨어지는 장소를 정확하게 계산하기 위한 목적으로 만들어졌어요. 에니악의 무게는 30톤(t)이나 나갔어요.

요즘 노트북 컴퓨터 한 대가 1.5킬로그램(kg) 정도 하니까, 약 2만대의 노트북 컴퓨터와 같은 무게이지요. 에니악이 가동될 때 쓰이는 전기만 150킬로와트(kw)였어요. 에니악은 초당 5000번 이상의 계산을 했지요.

에니악이 만들어진 후에 많은 과학자가 컴퓨터 연구에 뛰어들었어요. 그 결과 여러 발전이 이뤄졌지요. 1949년에는 영국 케임브리지 대학교의 연구 팀이 컴퓨터 안에 프로그램을 넣는 방식을 알아냈어요. 지금의 컴퓨터와 비슷해진 거예요. 이 방식을 처음 사용한 컴퓨터가 '에드삭'이에요.

컴퓨터는 점점 크기가 작아지고 성능이 좋아졌어요. 하지만 1970년대 중반까지도 개인이 쓰기에는 가격이 비싸고 사용법도 어려웠어요. 그래서 정부 기관과 기업에서 주로 이용했지요.

1977년에 미국의 애플사에서 크기가 작고 사용법도 간단한 컴퓨터를 세상에 내놓아 인기를 끌었어요. 1981년에는 미국의 아이비엠사가 컴퓨터 몸체와 모니터, 키보드를 갖추고 가격도 싼 컴퓨터를 만들기 시작했어요. 같은 해에 마이크로소프트사는 아이비엠 컴퓨터에서 쓸 수 있는 컴퓨터 운영 체제와 소프트웨어를 만들었지요. **컴퓨터 운영 체제는 컴퓨터를 이용할 수 있도록 만들어 주는 소프트웨어예요. '소프트웨어'는 컴퓨터 프로그램 및 그와 관련된 문서들을 통틀어 이르는 말이지요. 이에 비해 컴퓨터를 구성하는 기계 장치의 몸체를 통틀어 '하드웨어'라고 해요.** 소프트웨어가 없으면 컴퓨터를 이용할 수 없어요. 지금도 전 세계에서 사용하는 컴퓨터 운영 체제의 90퍼센트(%)를 마이크로소프트사가 차지하고 있지요.

1990년대에 들어서면서 컴퓨터 이용자들에게 새로운 시대가 열렸어요. 1991년에 '월드 와이드 웹(World Wide Web)' 서비스가 시작된 거예요. 흔히 줄여서 '웹'이라고 부르는 월드 와이드 웹은 1969년에 미국에서 군사적인 목적으로 개발되었어요. 처음에는 여러 컴퓨터를 연결한 뒤에 정보를 주고받았어요. 이것이 발달해서 오늘날처럼 전 세계를 연결하는 인터넷으로 발전한 거지요.

인터넷 기술은 놀라운 속도로 발전했어요. 과거에는 선으로 연결된 정보 통신망을 이용해야만 인터넷을 이용할 수 있었지만 지금은 선이 없어도 마음대로 이용할 수 있지요. 무선 인터넷 접속 기능이 있는 스마트폰만 있으면 어디서든 인터넷을 즐길 수 있게 되었어요.

인터넷의 발달로 세상은 크게 바뀌었어요. 세계 어디서나 물건을 사고팔 수 있게 되었으며, 상품·돈·정보·문화가 세계 여기저기로 자유롭게 흘러 다니게 되었어요. 마치 지구가 하나의 마을 같아진 거예요. 그래서 '지구촌'이라는 말이 생겼지요.

우주로 비행하고, 생명체를 복제했어요

1950년대 이후부터 미국과 소련은 모든 면에서 경쟁했어요. 두 나라는 우주를 두고도 치열하게 경쟁했지요. 처음에는 소련이 앞서 나갔어요. 1957년에 소련은 세계 최초의 인공위성 스푸트니크 1호를 우주로 쏘아 보냈어요.  스푸트니크 1호에는 사람이 타고 있지 않았어요. 그로부터 한 달 후에 소련은 스푸트니크 2호에 '라이카'라는 개 한 마리를 태워 쏘아 올렸어요. 소련이 처음으로 우주에 생명체를 내보낸 것이지요. 4년 후인 **1961년에 소련은 우주선 보스토크 1호를 우주로 보냈어요. 우주선 안에는 최초의 우주인인 유리 가가린이 타고 있었어요.** 유리 가가린은 1시간 29분 동안 지구를 한 바퀴 돌고 무사히 지구로 돌아왔어요. 유리 가가린이 우주에서 돌아와서 '지구는 푸른빛이다'라고 한 말은 아주 유명해요.

미국은 큰 충격을 받았어요. 미국은 소련을 따라잡기 위해 1958년에 미국 항공 우주국을 만드는 등 우주 개발에 힘을 썼지요. 미국 항공 우주국을 나사(NASA)라고도 해요. 마침내 **미국은 1969년에 우주선 아폴로 11호를 달로 보낼 수 있었어요. 아폴로 11호는 무사히 달에 착륙했지요.** 아폴로 11호에 타고 있던 닐 암스트롱과 버즈 올드린은 우주선 밖으로 나가 인류 최초로 달을 밟았어요.

1981년에 미국은 최초의 우주 왕복선인 컬럼비아호를 만들었어요. 우주 왕복선은 우주와 지구 사이를 왕복할 수 있도록 만든 우주선이에요. 그전까지 모든 우주선은 한 번밖에 이용할 수 없었지요. 그런데 우주 왕복선은 수리를 하면 몇 번이든 우주로 다시 떠날 수 있었어요. 1983년부터 미국은 해마다 우주 왕복선을 우주로 보냈어요. 컬럼비아호의 뒤를 이어 챌린저호, 디스커버리호, 아틀란티스호 등이 우주로 날아갔지요.

　우주 탐험이 활발해지면서 사고도 일어났어요. 1986년에 네 번째 우주여행에 나선 챌린저호가 발사 도중에 폭발했어요. 2003년에는 최초의 우주 왕복선인 컬럼비아호가 28번째 임무를 마치고 지구에 내려오다가 폭발했지요. 컬럼비아호는 지구 상공 궤도에서 우주 관측 활동을 하던 우주 망원경 허블을 고치고 돌아오던 중이었어요.

　사람이 타지 않은 무인 우주 탐사선은 태양계 끝까지 날아갔어요. 1972년에 발사된 무인 우주선 파이어니어 10호는 1973년에 목성 가까이 다가가 사진 촬영을 했어요. 1983년에는 태양계의 거의 끝인 해왕성까지 날아갔지요. 파이어니어 10호는 2003년에 통신이 끊겼어요. **1977년에 발사된 무인 우주선 보이저 1호는 2005년에 태양계의 끝에 도착했어요. 무려 28년간에 걸쳐 140억 킬로미터(km)에 이르는 거리를 날아간 거예요.** 태양계 밖 어딘가에는 우리와 같은 생물이 살고 있을지도 몰라요. 언젠가 미래 과학자들이 밝혀내겠지요?

인류의 생명을 다루는 생명 과학도 놀라운 발전을 이루었어요. 인류가 생명체를 복제하는 수준까지 오른 거예요. 복제는 본디의 것과 똑같은 것을 만드는 것이에요. 그러니까 **복제 동물은 세포를 제공한 몸체와 유전적으로 똑같은 동물을 말해요.**

20세기 초반부터 과학자들은 생명체를 복제하려고 여러 차례 시도했어요. 생명을 잉태하는 수정란을 이용해서 생명을 복제하는 것은 어렵지 않아요. 이미 1952년에 미국의 존 브리그가 수정란을 이용해 개구리를 복제하는 데 성공했어요. 1962년에는 영국에서 내장에 있는 세포를 떼어 내 양서류인 개구리를 복제하는 데 성공했지요. 수정란이 아닌 체세포로 동물을 복제했다는 데 의미가 있어요. 머리카락이나 손톱의 세포를 이용해서도 동물을 복제할 수 있게 된 것이기 때문이에요. 개구리는 우리처럼 포유류가 아니에요. 양서류이지요. 사람들은 그때까지 복잡한 포유류를 복제하는 것은 불가능하다고 생각했어요.

그런데 1983년에 미국에서 수정란을 이용해 포유류인 생쥐를 복제하는 데 성공했어요. 1986년에는 영국에서 생쥐보다 몸집이 큰 양을 수정란을 이용하여 복제하는 데 성공했지요. 1996년에는 수정란이 아니라 체세포를 이용하여 양을 복제하는 데 성공했어요. 이 양의 이름이 '돌리'예요. 돌리는 약 6년간 살다가 병에 걸려 죽었어요.

돌리 이후에 수많은 동물이 체세포를 이용해 복제되었어요. 1998년에는 일본에서 소가, 같은 해 미국에서 쥐가, 2000년에는 영국에서 돼지가 복제되었어요. 그렇다면 인간도 체세포를 이용해 복제할 수 있을까요? 그것은 알 수 없어요. 하지만 세계 여러 나라에서는 인간을 복제했을 때 생길 수 있는 여러 문제를 염려하고 있어요. 많은 나라에서 인간 복제를 두고 토론을 거듭하고 있지요.

룩셈부르크의 룩셈부르크

유럽 중부에 있는 작은 나라 룩셈부르크의 수도예요. 동쪽으로는 독일, 북쪽과 서쪽으로는 벨기에, 남쪽으로는 프랑스에 둘러싸여 있어요. 이곳에는 유럽 사법 재판소와 유럽 의회 사무국, 유럽 회계 감사원이 있어요.

유럽 사법 재판소

프랑스의 스트라스부르

프랑스 북동부, 라인 강의 서쪽에 있어요. 독일 국경에 있어서 독일과 비슷한 느낌이 드는 도시예요. 독일과 프랑스 사이의 화해라는 역사적 상징성을 나타내려고 이곳에 유럽 의회 본부를 두었어요.

유럽 중앙 은행

유럽 의회 본부

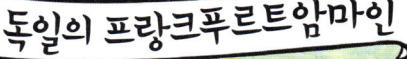

독일의 프랑크푸르트암마인

독일 중서부에 있는 독일 경제·금융의 중심지예요. 해마다 국제 박람회가 열리는데, 특히 2년마다 열리는 자동차 박람회가 유명해요. 유로화를 쓰는 나라들의 통화 정책을 맡은 유럽 중앙 은행이 여기에 있지요.

1948년	1950년	1960년	1961년
대한민국 정부 수립	6·25 전쟁 일어남	4·19 혁명 일어남	5·16 군사 정변 일어남

4장
대한민국 정부의 수립과 발전

1945년 8월 15일에 일본이 연합국에 무조건 항복하면서
우리 민족은 광복을 맞이했어요. 그러나 기쁨도 잠시였어요.
곧이어 평양에는 소련군이, 서울에는 미군이 들어와
일본의 자리를 대신 차지했기 때문이에요.
결국 우리나라는 남한과 북한으로 나뉘었어요.
그 후 북한이 남한으로 쳐들어와 6·25 전쟁이 일어났어요. 전쟁이 끝난 뒤,
남한에서는 민주주의가 발전하고 눈부신 경제 발전을 이루었어요.
이번 장에서는 제2차 세계 대전 이후의 우리나라 역사를 살펴보아요.

1980년
5·18 광주 민주화 운동

1988년
서울 올림픽 대회 열림

1997년
외환 위기,
국제 통화 기금(IMF) 도움 받음

대한민국 정부가 수립되었어요

1945년 8월 15일, 일본 왕이 연합국에 무조건 항복하는 발표가 있었어요. 일본 왕의 항복 발표를 들은 우리나라 사람들은 모두 거리로 뛰쳐나와 만세를 부르며 기뻐했어요. 감옥에 있던 독립운동가도 풀려나고, 일본으로 끌려갔던 노동자와 학생들도 속속 들어왔어요. 중국에 있던 대한민국 임시 정부 요인들은 귀국 준비를 서둘렀지요.

나라 안에서는 오랫동안 독립운동을 해 온 여운형이 광복 이후를 준비하고 있었어요. 여운형은 일본이 반드시 패망할 것이라고 생각해서 1944년에 국내에 있는 민족 지도자들을 모아 '조선 건국 동맹'을 조직하여 활동하고 있었지요. **일본이 항복을 선언하자 여운형은 '조선 건국 준비 위원회'를 만들고, 위원장이 되었어요.**

조선 건국 준비 위원회에는 다양한 생각을 가진 사람들이 모였어요. 민족주의자들도, 사회주의자들도 함께했지요. 조선 건국 준비 위원회는 경찰 역할을 하는 치안대와 군대를 만들어 한반도의 질서를 유지시키기 위해 노력했어요. 전국 곳곳에 조선 건국 준비 위원회 지부가 만들어져

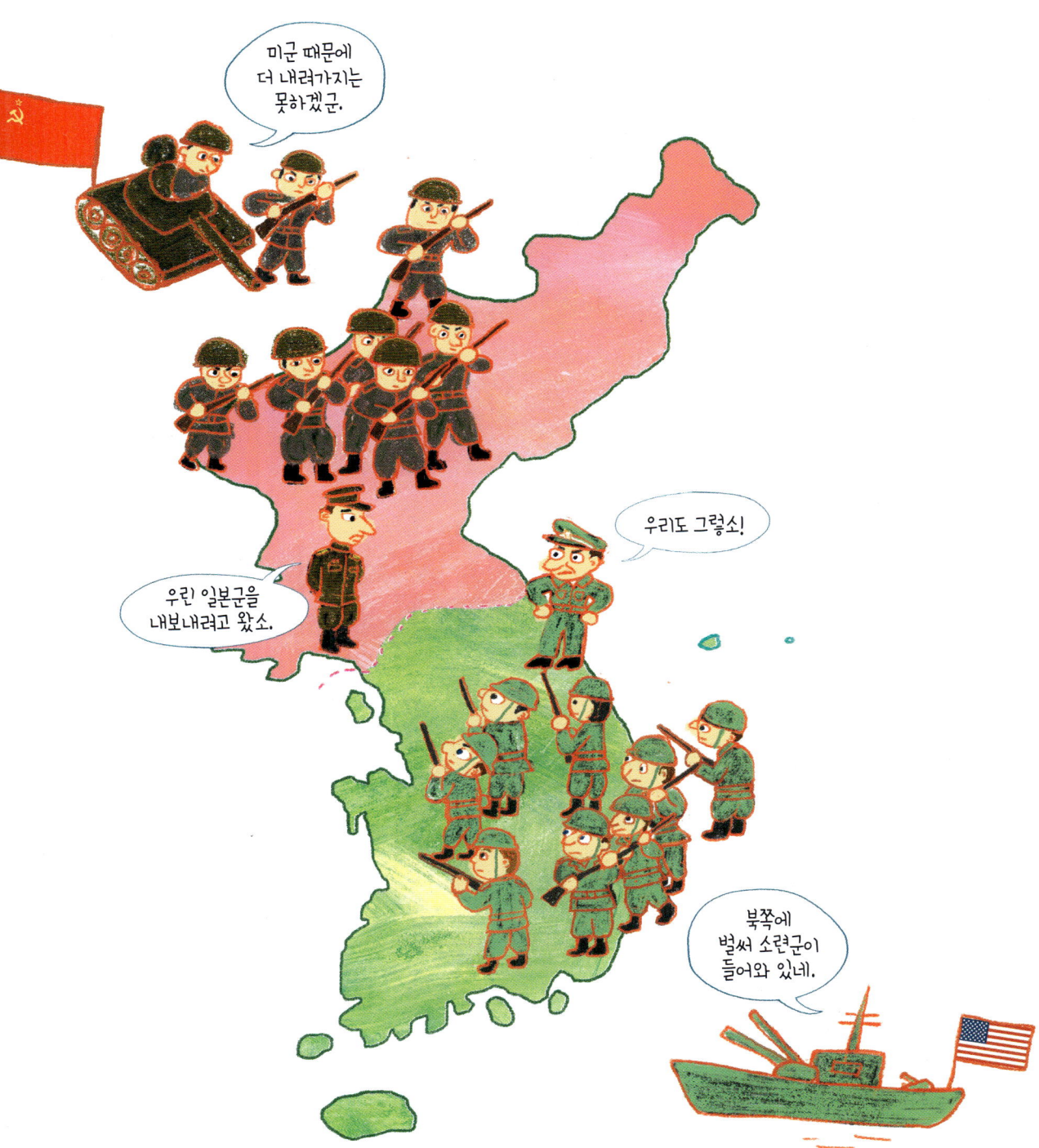

한 달도 되기 전에 지부의 수가 140개를 넘었어요.

1945년 9월 9일, 미군이 남한으로 들어왔어요. 이미 북한에는 8월에 소련군이 들어가 있었지요. 미군과 소련군은 일본군을 우리나라에서 내보낸다는 이유로 각각 38도선 이남과 이북을 나누어 차지했어요. **미군은 남한에 정부가 세워질 때까지 정치를 하였는데, 이 시기를 미군정 시대라고 해요.**

미군은 우리 민족이 오랫동안 독립을 위해 애쓰고 노력했다는 것을 잘 몰랐어요. 여운형이 세운 건국 준비 위원회와 건국 준비 위원회가 선포한 조선 인민 공화국을 인정하지 않았지요. 이 무렵, 미국에서 독립운동을 하던 이승만과 중국에서 임시 정부를 이끌던 김구 등이 우리나라로 들어와 정치 활동을 시작했어요.

1945년 12월, 소련 모스크바에서 미국, 영국, 소련의 외무 장관이 모여 우리나라 문제를 논의했어요. 이 회담이 '모스크바 3국 외상 회의'예요. **모스크바 3국 외상 회의에서는 미국과 소련이 참여하는 미·소 공동 위원회를 통해 임시 정부를 세우고 미국, 영국, 소련, 중국이 임시 정부와 의논하여 우리나라를 최고 5년 동안 '신탁 통치'하자는 내용을 논의했어요.** 신탁 통치는 국제 연합의 위임을 받은 나라가 스스로 나라를 다스릴 능력이 없다고 판단한 지역을 일정 기간 동안 통치하는 것을 말해요. 이 소식이 국내에 전해지자 사람들은 신탁 통치를 또 다른 식민 통치라고 받아들였어요. 전국이 신탁 통치를 반대하는 시위로 들끓었지요. 이승만과 김구가 속한 우익 진영은 신탁 통치 반대 운동을 펼쳤어요. 좌익 진영은 처음에는 신탁 통치를 반대했다가 얼마 뒤에는 임시 정부의 수립을

요구하면서 신탁 통치를 찬성했어요. 신탁 통치를 반대하는 우익은 찬성하는 좌익을 매국노로 몰았지요.

여기서 잠깐, '우익'과 '좌익'에 대해서 알려 줄게요. 우익과 좌익이란 말은 프랑스에서 시작된 말이에요. 프랑스 혁명이 일어난 뒤에 열린 국민 의회에서 의장을 기준으로 오른쪽에는 온건파, 왼쪽에는 급진파, 중간에는 중도파가 앉았는데 여기서 우익, 좌익, 중도라는 말이 나왔어요. 우리나라에서는 좌익은 사회주의자를 가리키는 말로, 우익은 사회주의에 반대하는 사람을 뜻하는 말로도 많이 쓰여요.

1946년 3월에 첫 번째 미·소 공동 위원회가 열렸어요. 모스크바 3국

외상 회의의 결정에 따라 임시 정부를 수립하는 방법을 논의하기 위해서였어요. 하지만 본격적인 회의는 시작도 하지 못했어요. 회의에 참여할 단체의 자격을 두고 두 나라가 다투었기 때문이에요. 소련은 모스크바 3국 외상 회의의 결정을 반대하는 정당과 사회단체는 임시 정부 구성에 참여시킬 수 없다고 주장했고, 미국은 참가를 원하는 정당과 사회단체는 모두 참여시켜야 한다고 주장했지요.

미·소 공동 위원회가 열리는 동안에도 우리나라의 좌익과 우익은 계속 다투었어요. 그러자 여운형과 김규식 등은 좌익과 우익을 하나로 모으기 위해 '좌우 합작 운동'을 벌였어요. 이들은 미국과 소련이 맞서는 한반도에서는 좌익과 우익이 단결해야 통일 정부를 세울 수 있다고 주장했지요. 하지만 좌익과 우익은 끝내 힘을 합치지 못했어요.

1947년 5월에 제2차 미·소 공동 위원회가 열렸지만 이번에도 아무런 성과를 내지 못하고 끝나고 말았어요. 미국은 소련의 반대를 무릅쓰고 한반도 문제를 유엔으로 넘겼어요. 유엔은 인구수에 따라 국회 의원을 뽑는 남북한 총선거를 치르기로 결정했어요. 이듬해 유엔에서 우리나라의 총선거를 감독하기 위해 유엔 한국 임시 위원단이 남한으로 들어왔어요. 북한에는 소련과 북한의 반대로 들어갈 수 없었지요. 유엔이 결정한 총선거가 인구수가 많은 남한에 유리하다고 생각했기 때문이에요. **유엔은 남한에서만 총선거를 치르기로 결정했어요.**

이승만은 남한에서만 선거를 치르고 정부를 세우는 것에 찬성했어요.

그러나 이승만을 따르는 사람들을 뺀 대부분의 사람들은 남한만의 정부를 세우는 것에 반대했어요. 그것은 남한과 북한이 분단되는 것을 의미하기 때문이었지요. 이승만과 사상이 비슷한 김구도 이를 받아들일 수 없었어요. 김구와 김규식은 북한으로 건너가 김일성을 비롯한 북한의 정치가를 만났어요. 통일 정부를 세우기 위해 남북 협상 회의도 열었지요. 하지만 아무런 성과를 거두지 못했어요. 북한에서는 김일성이 공산 정권을 세우는 데 더 큰 관심이 있었기 때문이에요.

1948년 4월 3일, 제주도에서 남한만의 단독 선거를 반대하는 봉기가 일어났어요. 이 사건이 제주 4·3 사건이에요. 미군정은 봉기를 막으려고 경찰들을 제주도로 보냈어요. 경찰들은 반란을 일으킨 좌익 세력을 찾아낸다며 산간 마을을 불태우고 마을 사람들을 바닷가로 강제로 이주시켰어요. 경찰들이 제주 4·3 사건을 진압하는 과정에서 수많은 제주 사람들이 억울하게 목숨을 잃었지요.

수많은 사람이 남한의 단독 정부 수립을 반대했지만 1948년 5월 10일에 남한에서 총선거가 실시되었어요. 우리나라에서 처음으로 치러진 보통 선거였어요. 스물한 살 이상의 남자와 여자는 누구나 투표할 수 있었지요. 5월 31일에는 선거에서 뽑힌 국회 의원들로 이루어진 국회가 열렸어요. 국회가 가장 먼저 해야 할 일은 헌법을 만드는 것이었어요. 헌법을 만들기 위해 열리는 국회를 '제헌 국회'라고 해요. **제헌 국회는 나라 이름을 대한민국으로 정하고 이승만을 의장으로 뽑았어요.** 국회는 7월 17일에 헌법을 만들어 세상에 알렸어요. 그래서 이날을 제헌절로 정하여 해마다 나라에서 기념하고 있지요.

　제헌 헌법에서는 우리나라의 정치 제도를 대통령 중심의 민주 공화정으로 채택하고, 임기 4년의 대통령은 국회에서 뽑도록 했어요. 7월

1948년 8월 15일 대한민국 정부 수립 축하식

20일에 제헌 국회는 이승만을 대통령으로 뽑았어요. 7월 24일에 대통령에 취임한 이승만은 정부를 꾸렸어요. 1948년 8월 15일, 서울 중앙청 광장에서 대한민국 정부가 세워졌음을 세상에 널리 알리는 대한민국 정부 수립 축하식이 치러졌어요.

1948년 9월 9일, 남한에서 정부가 수립된 지 20여 일이 지난 뒤였어요. **북한에서도 '조선 민주주의 인민 공화국' 정부가 들어섰고, 김일성이 내각 수상으로 뽑혔어요.** 소련을 비롯한 공산주의 진영의 국가들은 북한을 정식 정부로 인정했어요. 하지만 유엔은 남한을 한반도에서 유일한 합법 정부라고 인정했지요. 결국 한반도에는 두 개의 정부가 들어섰어요.

4·19 혁명이 일어났어요

　남한과 북한에 각각 정부가 들어설 무렵, 세계는 동서 냉전이 심해지고 있었어요. 남한과 북한의 갈등도 점점 심해졌지요. 이승만은 북한으로 쳐들어가 통일을 이루어야 한다고 주장했어요. 북한도 남한을 무너뜨리려고 군사력을 길렀어요. 때마침 남한에서는 미군이 떠났고, 이듬해 미국이 태평양 방위선에서 남한을 빼겠다고 발표했어요. 미국이 더 이상 남한을 지켜 주지 않겠다는 뜻이었지요.

　1950년 6월 25일 새벽, 북한은 선전 포고도 없이 남한으로 쳐들어왔어요. 6·25 전쟁이 터진 거예요. 북한은 3일 만에 서울을 점령했어요. 부산으로 피란한 이승만 정부는 부산을 임시 수도로 삼았어요.

　한창 전쟁이 치러지고 있던 1952년, 부산은 대통령 선거로 시끄러웠어요. 이승만이 헌법을 바꾸려고 했기 때문이에요. 제헌 헌법에 따르면 대통령은 국회 의원들이 뽑았어요. 그런데 당시 국회에는 이승만을 반대하는 의원이 많았어요. 제헌 헌법에 따라 선거를 하면 이승만은 다시 대통령이 될 수 없을 것 같았지요. 그러자 이승만은 국민이 직접 대통령을 뽑는 직선제로 헌법을 개정하기로 했어요.

　이승만을 지지하지 않는 국회 의원들이 헌법 개정을 강하게 반대했어요. 이승만은 개헌에 반대하는 국회 의원들을 헌병대에 잡아가는 등 공포 분위기를 만들었어요. 그런 다음 개헌안 중에서 대통령과 부통령을

국민이 직접 뽑을 수 있도록 만든 부분만 국회에서 통과시켰어요. 헌법을 바꾸는 걸 '개헌', 골라내는 걸 '발췌'라고 해요. 그래서 이 개헌을 '발췌 개헌'이라고 해요. 결국 이승만은 다시 대통령에 선출되었어요.

1953년에 6·25 전쟁이 남과 북에 큰 상처를 남기고 끝났어요. 1년 후, 이승만은 초대 대통령은 대통령을 두 번까지만 할 수 있다는 헌법 조항을 없애려고 했어요. 두 번째 대통령을 하고 있는 이승만은 더는 대통령 선거에 나올 수 없었기 때문이에요. 평생 대통령을 하고 싶었던 이승만은 또 헌법을 고쳐야 했지요.

헌법을 개정하려면 국회 재적 의원의 3분의 2 이상이 찬성해야 했어요. 당시에 국회 의원의 수는 203명이었어요. 203명의 3분의 2는

135.33……명이므로 136명 이상의 국회 의원이 찬성해야 헌법을 고칠 수 있었어요. 그런데 투표함을 열어 보니 개헌을 찬성한 사람이 135명이었어요. 헌법 개정안은 1명이 모자라 통과되지 못했지요. 그러나 이틀 뒤에 이승만이 속한 자유당은 헌법 개정안이 통과되었다고 발표했어요. 135.33……명을 사사오입, 즉 소수점에서 반올림하면 135명이므로 헌법 개정에 필요한 국회 의원 수가 확보되었다는 것이었지요. 그래서 이 헌법을 '사사오입 개헌'이라고 해요.

개헌 후인 1956년에 치러진 대통령과 부통령을 뽑는 선거에서 이승만은 세 번째로 대통령에 당선되었어요. 야당 후보인 신익희가 열차 안에서 갑자기 죽어서 이승만은 쉽게 대통령에 당선될 수 있었지요.

1960년 3월 15일, 대통령과 부통령을 뽑는 선거가 실시되었어요. 야당의 대통령 후보인 조병옥이 병으로 세상을 떠나는 바람에 이번에도 이승만이 대통령이 되는 것은 거의 확실했어요. 그런데도 부통령 후보인 이기붕을 당선시키려고 **이승만 정부와 자유당은 3~5명이 함께 투표하기, 투표함 바꿔치기 등의 온갖 방법으로 부정 선거를 저질렀어요.**

그 결과 이승만이 대통령, 이기붕이 부통령에 당선되었지요. **이를 '3·15 부정 선거'라고 해요. 선거일이 3월 15일이었기 때문이에요.** 선거 날이던 3월 15일부터 부정 선거에 항의하는 시위가 시작되었어요. 경상남도 마산에서도 시위가 일어났어요. 경찰이 시위대를 총으로 쏘아 7명이 죽고 많은 사람이 다치고 끌려갔어요. 그런데 4월 11일에 시

위를 하다가 사라졌던 고등학생 김주열이 마산 앞바다에서 시신으로 발견되었어요. 김주열의 얼굴에는 최루탄이 박혀 있었지요. 이 소식을 들은 국민들의 분노가 폭발했어요. 전국에서 '이승만 정권은 물러나라!'는 시위가 일어났지요.

4월 18일에는 서울의 고려 대학교 학생들이 3·15 부정 선거에 항의하는 행진을 하고 나서 돌아가는 길에 폭력배들의 공격을 받았어요. 이 소식은 곧 서울에 있는 대학교와 고등학교로 퍼졌어요. 4월 19일, 약 3만 명의 대학생과 고등학생이 거리로 쏟아져 나왔어요. 경찰은 시위대를 향해 총을 쏘았어요. 수많은 사람이 목숨을 잃고 다쳤지요. 그러나 사람들은 시위를 멈추지 않았어요. 4월 25일에는 대학 교수들도 나서서 이승만에게 대통령 자리에서 물러나라고 요구했어요.

　이튿날, 결국 이승만은 대통령 자리에서 물러나겠다고 발표했어요. 그리고 하와이로 떠났지요. 이 사건을 '4·19 혁명'이라고 해요. **4·19 혁명은 처음으로 학생과 시민들이 힘을 합쳐서 독재 정권을 무너뜨리고 민주주의를 지켜 낸 사건이에요.** 서울시 강북구 수유동에는 4·19 혁명 때 목숨을 잃은 사람들을 기리기 위해 만든 국립 4·19 민주 묘지가 있어요.

5·16 군사 정변이 일어났어요

　4·19 혁명으로 이승만 정부가 무너진 뒤에 헌법이 개정되었어요. 대통령 중심제를 내각 책임제로 바꾸기로 한 거예요. 내각 책임제는 국회 의원이 가장 많은 당이 행정을 맡아보는 내각을 꾸리는 정치 제

도예요. 내각 책임제의 최고 우두머리는 대통령이 아니라 총리예요. 대통령은 나라를 대표하는 자리일 뿐이지요.

개정 헌법에 따라 총선거가 실시되었어요. 민주당이 가장 많은 국회 의원을 당선시켰어요. 총리는 장면이, 대통령은 윤보선이 되었지요. 제2공화국이 시작된 거예요. 장면이 이끄는 내각은 독재 정치를 청산하는 법을 제정하고, 경제 개발 계획안 등을 마련했어요. 또한 지방 자치제도 실시했지요.

제2공화국이 들어서자, 우리나라 국민들은 이승만의 독재 정치에 억눌려 있던 다양한 요구를 한꺼번에 풀어 놓기 시작했어요. 교사와 기자를 비롯한 노동자들은 노동조합을 만들었으며 대학생들은 평화 통일을 외쳤지요. 하지만 장면 정부는 국민들의 요구를 잘 처리하지 못했어요. 국민들은 매일 시위를 벌였어요. 게다가 여당인 민주당이 갈라졌지요. 나라가 혼란스러웠어요.

1961년 5월 16일, 육군 소장 박정희가 이끄는 군대가 정변을 일으켰어요. 이 사건을 '5·16 군사 정변'이라고 해요. '5·16 쿠데타'라고도 하지요. 이 정변으로 내각은 해체되고, 장면은 총리 자리에서 물러나야 했어요. 그해 7월에 박정희는 국가 재건 최고 회의를 만들어 의장에 올랐어요. 국가 재건 최고 회의는 입법, 행정, 사법 기능을 모두 갖는 최고의 권력 기구였어요.

그 후 1년 7개월 동안 박정희는 국가 재건 최고 회의를 통해서 우리나라를 통치했어요. 그리고 헌법을 개정하여 의원 내각제를 대통령 중심제로 바꾸었지요. 1963년 10월에 새 헌법에 따라 대통령 선거가 실시되었어요. 박정희와 윤보선이 출마하여 박정희가 당선되었어요. 제3공화국이 시작된 거예요.

박정희 정부는 그동안 외교 관계가 전혀 없었던 일본과 국교를 맺을

준비를 했어요. 일본 정부에 식민 통치에 대한 배상을 요구하여 경제 발전에 필요한 자금을 마련하려고 했어요. 우리나라와 일본은 1951년 이후에 몇 차례 회담을 가졌으나 국교를 맺지 못했어요. 우리나라는 일본이 식민 통치에 대한 사과와 배상을 해야 한다고 생각했지만 일본은 그럴 생각이 없었지요. 이 때문에 대한민국 정부가 탄생한 지 17년이 지날 때까지 일본과 외교 관계를 맺지 못했어요.

박정희 정부는 1965년에 '한·일 협정'을 체결했어요. '한·일 기본 조약'이라고도 해요. **일본은 한·일 협정을 맺으면서 식민 통치에 대해서 사과하지 않았어요. 그런데도 박정희 정부는 경제 발전에 필요한 자금을 받는 것으로 이를 문제 삼지 않았어요.** 대학생과 시민들은 한·일 협정에 격렬하게 반대하며 시위를 벌였어요. 박정희 정부는 군대를 동원하여 시위를 막았지요.

이 무렵, 베트남에서 전쟁이 벌어지고 있었어요. 일본과 프랑스로부터 독립한 베트남은 북쪽에 사회주의 정권이, 남쪽에는 자본주의 정권이 들어서 있었어요. 이 밖에 남베트남에는 사회주의자들이 남베트남 해방 전선을 세워 북베트남의 도움을 받으며 남베트남 정권과 싸우고 있었지요. 남베트남에 사회주의 세력이 강해지자 미국은 베트남 전체가 사회주의 국가가 되지 않도록 '통킹 만 사건'을 빌미로 베트남 전쟁에 뛰어들었어요. 기억하나요? 통킹 만 사건은 북베트남의 배가 통킹 만에서 미국 해군의 배를 공격한 사건이에요.

미국은 박정희 정부에 군대를 보내 줄 것을 요청했어요. 박정희 정부는 6·25 전쟁 때 우리나라가 다른 나라의 도움을 받았듯이 우리나라도 다른 나라에게 도움을 주는 게 옳다며 베트남에 군대를 보냈어요. 이때가 한·일 협정이 체결된 1965년이었지요. 미국은 베트남 전쟁에 참여한 우리나라 군인들에게 총 2억 3600만 달러를 지급했어요. 우리나라는 그 돈으로 경제를 발전시킬 수 있었지요. 하지만 우리나라의 많은 젊은 이가 베트남의 전쟁터에서 목숨을 잃었어요.

경제가 크게 성장했어요

1960년대에서 1970년대 초반까지 우리나라 경제는 눈부신 속도로 발전했어요. **박정희 정부는 경제를 발전시키려고 1962년부터 '경제 개발 5개년 계획'을 추진했어요.** 제1차 경제 개발 계획은 1962년부터 1966년까지이고, 제2차 경제 개발 계획은 1967년부터 1971년까지예요. 제1·2차 경제 개발 계획 동안에 박정희 정부는 풍부한 노동력을 이용하여 의류, 신발, 합판 등을 만들어 미국과 일본 등으로 수출했어요. 제1·2차 경제 개발 계획 동안 약 10퍼센트(%)에 가까운 경제 성장률을 달성했지요.

1970년대에는 철강, 기계, 조선, 전자, 화학 등 중화학 공업을 중심으로 경제를 발전시켰어요. 이번에도 수출을 늘리는 데 온갖 노력을 기울였지요. 1977년에는 100억 달러 수출을 달성했고, 1인당 국민 소득 1000달러에 가까운 성과를 달성했어요.

농촌도 크게 달라졌어요. 1970년부터 새마을 운동을 실시해 농촌에 도로가 깔리고, 전기가 들어왔으며, 낡은 집을 고쳤어요. 국민의 생활도 편리해졌어요. 서울에서 부산까지 고속 도로를 뚫었어요. 경부 고속 도로의 완공으로 5시간 만에 서울에서 부산까지 갈 수 있었지요. 그동안 기차를 타고서 10시간 정도 걸려야 갈 수 있는 길이었어요. 이로써 전국이 일일생활권이 되었어요. 일일생활권은 어느 곳에서 출발하든 하루 이내에 전국 어디에나 갔다 올 수 있다는 뜻이에요. 그 결과 도시가 크게 발달했어요. 1970년대 중반에는 마침내 도시 인구가 우리나라 전체 인구의 절반을 넘어섰지요.

이처럼 **경제가 빠르게 발전하면서 여러 문제도 나타났어요. 무엇보다 노동자가 큰 고통을 겪었어요.** 임금은 쌌고, 일하는 곳의 환경도 아주 나빴어요. 노동 시간도 매우 길었지요. 이를 사회에 알리고자 목숨을 바친 노동자가 있었어요. 바로 전태일이에요. 전태일 이야기를 들려줄게요.

전태일은 1948년에 가난한 노동자의 아들로 태어났어요. 너무나 가난하여 초등학교 교육도 제대로 받지 못했지요. 열일곱 살부터 청계천 평화 시장 안에 있는 공장에서 일을 하다 재단사가 되었어요. 전태일이 일하던 평화 시장에는 수백 개의 공장이 있었어요. 전태일은 햇빛도 들지 않는 좁은 다락방에서 하루 14시간씩 일을 해야 했어요. 임금도 매우 쌌지요. 공장에는 병에 걸리는 노동자도 많았어요. 전태일은 가난에 시달리면서도 주변 사람들이 고생하는 것을 보고 안타까워했어요. 특히 여동생 같은 어린 여성들이 고생하는 것을 보고 그들을 도와주려고 애를 썼어요. 그러면서 노동 운동에 눈을 떴지요.

1970년 11월 13일에 전태일과 동료들은 평화 시장 앞에서 '근로 기준법' 화형식을 벌여 근로 기준법을 지키지 않는 현실을 세상에 알리려고 했어요. 하지만 경찰의 방해로 화형식을 할 수 없었어요. 그러자 전태일이 자신의 몸에 석유를 뿌리고 불을 붙인 채 이렇게 외쳤어요.

"근로 기준법을 준수하라! 우리는 기계가 아니다!"

전태일의 죽음을 본 많은 노동자가 노동 운동에 뛰어들었고, 1980년대 이후 노동 운동이 활발해졌어요.

박정희 정부 때에는 전태일의 희생을 비롯한 국민들의 노력으로 경제가 발전했어요. 그럼 그만큼 민주주의도 발전했을까요?

박정희 정부가 10월 유신을 선포했어요

　1972년 7월 4일에 남한 정부와 북한 정부가 동시에 '7·4 공동 성명'을 발표했어요. 7·4 공동 성명에는 평화 통일에 대한 중요한 내용이 담겨 있었어요. 첫째, 통일은 남한과 북한이 자주적으로 해결해야 하고, 둘째, 평화적인 방법으로 실현해야 하며, 셋째, 민족이 단결해야 한다는 내용이었지요.

　그런데 바로 그해 10월 17일, **박정희 정부는 '10월 유신'을 발표하고 유신 헌법을 제정했어요.** 평화 통일을 하려면 대통령의 권한이 강해야 한다는 이유에서였어요. **유신 헌법에 따르면 나라를 통치하는 모든 권한이 대통령에게 몰려 있었어요.** 대통령도 국민이 직접 뽑을 수 없었지요. 그 대신 '통일 주체 국민 회의'의 대의원들이 대통령을 뽑도록 했어요. 통일 주체 국민 회의 의장은 박정희였어요. 박정희가 영원히 대통령을 하겠다는 뜻이었지요.

　유신 헌법이 제정되자 수많은 학생, 종교인, 정치인 등이 유신 헌법을 없애라며 들고일어났어요. 박정희는 이들을 감옥에 가두고 고문을 했어요. 1971년에 치러진 대통령 선거에서 박정희와 경쟁했던 김대중이 미국으로 망명해 유신 반대 운동을 벌이자 납치하기도 했어요. 유신 체제를 반대했던 대학생들을 간첩으로 몰아 사형에 처하기도 했지요. 우리나라의 민주주의가 크게 후퇴한 거예요. 유신 체제는 약 7년간이나 계속되었어요. 그동안 유신 체제를 반대하는 사람들의 저항도 더욱 강해졌지요.

1979년 10월 16일에 부산과 마산에서 유신 체제를 반대하는 대규모 시위가 일어났어요. 이를 '부·마 민주 항쟁'이라고 해요. 시위를 막는 방법을 두고 정권 내부에서 다투다가 박정희가 부하의 손에 목숨을 잃었어요. 이 사건을 '10·26 사건'이라고 해요. 10월 26일에 박정희가 목숨을 잃었기 때문이에요. 이로써 유신 체제는 막을 내렸어요.

유신 체제가 무너지자 우리나라 국민들은 민주주의 정부를 세울 수 있을 것이라고 생각했어요. 그해 12월 6일에 최규하가 대통령이 되고, 유신 헌법을 없애겠다고 했어요. **하지만 12월 12일에 전두환과 노태우를 비롯한 군인들이 정변을 일으키고 계엄령을 선포했어요.** '계엄'은 전쟁이 일어나거나 그 정도로 긴급한 일이 일어났을 때, 사회의 질서를 유지하기 위하여 군인이 그 지역을 맡아 다스리는 일을 말해요. 한마디로 군인이 통치하는 것이에요. 이 사건을 '12·12 사태'라고 해요. 정변을 일으킨 군인들을 '신군부'라고 하지요.

1980년 5월 15일, 서울역에 약 10만 명의 시민들이 모였어요. 이들은 비상 계엄을 해제하라고 외쳤어요. 신군부는 그러겠다고 약속했어요. 시민들은 신군부의 약속을 믿고 흩어졌지요. 하지만 그 약속은 거짓이었어요. 신군부는 비상 계엄을 전국으로 확대하고, 대학의 문을 강제로 닫아 버렸어요. 하지만 광주에서는 계속 시위가 이어졌어요.

5월 18일에 신군부는 광주에 특수 훈련을 받은 군인들을 보냈어요. 군인들은 광주 시민들을 마구 때렸어요. 총을 쏘기도 했지요. 광주 시민들은 목숨을 걸고 군인들과 맞섰어요. 그러나 군인들과 싸워 이길 수는 없었어요. 5월 27일에 군인들은 시민들이 모여 있는 전라남도 도청으로 밀고 들어갔어요. **도청에 있던 광주 시민들 대부분이 군인들의 공격으로 목숨을 잃었지요. 이 사건이 '5·18 광주 민주화 운동'이에요.** 5·18 광주 민주화 운동의 희생자는 '국립 5·18 민주 묘지'에 묻혀 있어요.

국립 5·18 민주 묘지

광주에 군인을 보낸 전두환은 유신 헌법에 따라 통일 주체 국민 회의에서 대통령으로 뽑혔어요. 그리고 다시 헌법을 개정하여 1981년에 새 헌법에 따라 간접 선거를 통해 7년 단임의 대통령에 당선되었어요. 제5공화국 시대가 시작된 거예요.

전두환 정부는 박정희 정부에 이어 경제를 발전시키려고 노력했어요. 프로 야구단이 처음 만들어진 것이 전두환 정부 때였어요. 중·고등학생들이 머리를 기를 수 있게 했고, 교복을 입지 않아도 되었어요. 하지만 전두환은 텔레비전 방송국과 신문사를 없애거나 합치고, 독재 정부를 비판하면 감옥에 가두고 고문을 했어요. 국민들은 전두환의 독재 정치에 맞서 싸웠지요.

6월 민주 항쟁이 일어났어요

1987년 1월, 대학생 박종철이 경찰의 고문을 받다가 목숨을 잃은 사건이 세상에 알려졌어요. 분노한 시민들과 학생들은 박종철이 사망한 이유를 조사하라며 시위를 벌였어요. 또한 국민이 직접 대통령을 뽑을 수 있도록 헌법을 고치라고 요구했지요. 직접 대통령을 뽑는 것을 '대통령 직선제'라고 해요. 하지만 전두환은 이를 받아들이지 않았어요.

1987년 6월이 되자 더 많은 국민이 거리로 나와 시위를 벌였어요. 이들은 헌법을 개정하고, 전두환은 물러나라고 외쳤어요. 시위는 전국으로 번져 나갔지요. 그해 6월 9일, 시위를 하던 대학생 이한열이 머리에 최루탄을 맞고 목숨을 잃었어요. 그 후 국민들의 시위는 온 나라를 뒤덮었어요. 이것이 '6월 민주 항쟁'이에요. 마침내 전두환 정부가 손을 들었어요. **6월 29일에는 대통령 직선제를 받아들이겠다고 선언했어요. 이를 '6·29 민주화 선언'이라고 해요. 전두환 정부는 헌법을 고쳐 국민이 직접 대통령을 뽑도록 했지요.** 또한 대통령 임기는 5년으로 하고, 대통령은 한 번밖에 할 수 없게 했어요.

그해 12월에 대통령 선거가 있었어요. 국민들은 노태우를 대통령으로 뽑았어요. 그런데 노태우는 전두환과 함께 '12·12 사태'를 일으킨 사람이었어요. 국민들의 지지를 받던 김대중과 김영삼이 갈라지면서 또다시 군인 출신이 대통령에 당선된 거예요.

　　1980년대 말부터 세계는 냉전이 끝나고 있었어요. 노태우 정부는 소련, 중국, 동유럽 등 공산주의 진영의 여러 국가와 국교를 맺었어요. 또한 북한과 동시에 유엔에 가입했지요. 제24회 서울 올림픽 대회도 성공적으로 치렀어요. 우리나라는 아시아에서는 일본에 이어 두 번째, 세계에서는 열여섯 번째로 올림픽을 연 나라가 되었어요. 그러나 노태우는 대통령 자리에 있으면서 대기업에게 돈을 받는 등 부정부패가 심했어요.

　　1993년에 노태우 정부의 뒤를 이어 김영삼 정부가 들어섰어요. 김영삼 정부는 5·16 군사 정변이 일어난 후 처음으로 들어선 민간 정부였어요.

그래서 김영삼 정부를 '문민 정부'라고 해요. 김영삼 정부는 은행에서 돈을 주고받고, 저금을 할 때 가짜 이름이나 다른 사람의 이름을 쓰지 못하도록 했어요. 이를 '금융 실명제'라고 하는데, 이 덕분에 부정부패가 많이 줄어들었어요.

그런데 김영삼 정부 때에는 큰 사고가 많이 일어났어요. 1994년에는 한강의 성수 대교가 무너지고, 서울시 마포구 아현동에서 도시가스가 폭발했어요. 1995년에는 대구 지하철 공사장에서 가스가 폭발했고, 서울시 서초구에 있던 삼풍 백화점이 무너져 수많은 사람이 목숨을 잃었지요.

1997년에 타이에서 시작된 외환 위기가 우리나라에 영향을 미쳤어요. 다른 나라에 갚아야 할 외국 돈이 모자라게 되는 것을 '외환 위기'라고 해요. 우리나라는 '국제 통화 기금'에서 돈을 빌렸어요. 국제 통화 기금을 '아이엠에프(IMF)'라고도 해요. 국제 통화 기금은 회원국이 돈을 내서 공동의 기금을 만들고, 각 나라가 필요할 때 그 자금을 쓸 수 있도록 했어요.

1990년대 우리나라는 눈부신 경제 성장을 이루었고, 기업들도 세계로 뻗어 나갔어요. 일부 기업은 금융 기관에서 무리하게 돈을 빌려 사업을 키웠지요. 금융 기관은 꼼꼼하게 따지지 않고 기업에 돈을 마구 빌려주었고, 결국 돈을 갚지 못한 기업이 무너지고 말았어요. 그래도 우리나라는 희망을 잃지 않았어요. 어떻게 이 위기를 이겨 나갔을까요?

평화적인 정권 교체가 이루어졌어요

1998년에 오랜 기간 민주화 운동을 이끌었던 김대중이 대통령에 취임했어요. **우리나라 정부가 세워지고 처음으로 선거를 통해서 여당과 야당이 평화롭게 정권을 교체했어요.** 김대중 정부를 '국민의 정부'라고 해요. 김대중 정부는 외환 위기를 넘기기 위해 노력했어요. 기업은 빚을 줄이려고 회사를 쪼개서 팔고, 직원 수를 줄였어요. 국민들은 금을 내다 팔아 부족한 외화를 구하려고 '금 모으기 운동'을 벌였지요. 결국 2001년에 국제 통화 기금에서 빌린 돈을 3년이나 앞당겨서 모두 갚을 수 있었어요. 그러나 이 과정에서 수많은 노동자가 직장에서 쫓겨나

고, 일자리가 불안해졌으며, 빈부 격차가 심해졌어요.

2000년에는 남한의 대통령 김대중과 북한의 최고 지도자 김정일이 평양에서 만나 남북 정상 회담을 했어요. **우리나라가 남북으로 분단된 이후에 처음으로 남한과 북한의 최고 지도자가 만난 거예요. 남한과 북한은 '6·15 남북 공동 선언'을 발표했어요.** 그 후 남과 북의 교류가 활발해졌어요. 남

북 통일과 민주주의를 향한 김대중 대통령의 노력은 국제 사회에서 인정을 받아 김대중 대통령은 그해 12월에 노벨 평화상을 받았지요.

하지만 남한과 북한 사이에 평화스러운 분위기만 있었던 것은 아니에요. 1999년에 북한의 경비정이 서해안 북방 한계선을 넘어 연평도 부근까지 내려와 우리 해군과 전투가 벌어졌어요. 이 전투로 우리 해군 일곱 명이 부상을 입고, 북한 해군 수십 명이 죽거나 다쳤어요. 2002년에도 북한 경비정이 연평도 부근을 침략해 일어난 전투에서 우리 해군 여섯 명이 목숨을 잃었지요.

한편, 2002년에 한·일 월드컵 축구 대회가 우리나라와 일본에서 열렸어요. 전 국민이 하나가 되어 우리나라 축구 팀을 응원했어요. 우리나라의 축구 경기가 있는 날에는 많은 시민이 붉은 옷을 입고 모여 거리 응원을 했어요. 우리나라는 4위에 올랐지요. 아시아의 어느 나라도 월드컵 축구 대회에서 우리나라만큼 좋은 성적을 낸 나라는 없어요.

2003년, 김대중의 뒤를 이어 노무현이 대통령에 당선되었어요. 노무현 정부를 '참여 정부'라고 해요. 노무현 정부는 정치의 권위적인 모습을 없애기 위해 노력했지요. 김대중 정부의 뒤를 이어 북한과 사이좋게 지내려고 했어요. 2004년에는 북한의 영토인 개성 안에 공업 단지를 만들었어요. **이것이 '개성 공업 지구'예요. '개성 공단'이라고도 해요.**

우리나라 기업이 기술과 자본을 대고, 북한이 공장을 지을 땅과 노동력을 제공했어요.

2007년에 노무현 대통령이 북한을 방문해 북한의 최고 지도자 김정일을 만나 제2차 남북 정상 회담을 열었어요. 노무현과 김정일은 '10·4 선언'을 발표했어요. 남과 북이 함께 발전하고 평화를 기원하자는 내용이었지요.

그런데 2004년에 노무현 대통령은 약 2개월 동안 대통령으로서 아무런 일도 할 수 없었어요. 야당 의원들이 대통령이 선거 중립 의무를 어겼다며 탄핵 소추안을 국회에 올려 통과시켰기 때문이에요. 탄핵 소추안은 대통령의 역할을 하지 못하도록 결의하는 것을 말해요. 그러나 헌법 재판소에서 대통령이 탄핵을 받을 이유가 없다며 받아들이지 않아 노무현 대통령은 두 달 만에 대통령직에 복귀했어요.

2007년의 대통령 선거에서 이명박이 '경제 대통령'을 내세우며 대통령에 당선되었어요. 이명박 정부는 2008년 12월부터 2012년 4월까지 홍수와 가뭄에 대비한다며 22조 원을 투입해 한강, 낙동강, 영산강, 금강 정비 사업을 벌였어요.

이명박 정부 때에는 북한과 다시 대립하기 시작했어요. 2009년 11월에는 대청도 근방에서 우리 해군과 북한군 사이에 전투가 벌어졌어요. 4개월이 지난 2010년 3월에는 백령도 근방에서 우리 함선이 침몰하기도 했지요. 그로부터 7개월이 지난 11월에는 북한이 연평도에 포격을 하는 사건이 발생했어요. 이 공격으로 우리 군인 2명과 민간인 2명이 사망했어요.

2013년 대통령 선거에서는 박근혜가 대통령에 당선되었어요. 우리나라 첫 여성 대통령이었지요. 2014년에 인천항에서 제주항으로 가던 세월호가 침몰하는 사고가 일어났어요. 이 사고로 300여 명의 사람들이 희생되었어요. 또한 박근혜 정부는 2016년에 북한이 핵 실험을 하자 개성 공업 지구의 문을 닫아 북한과 날카롭게 대립하고 있어요. 박근혜 대통령은 헌법과 법률을 위반하여 그해 12월, 국회에서 대통령 박근혜의 탄핵 소추안을 통과시켰어요. 다음 해 3월, 헌법 재판소에서는 만장일치로 탄핵 소추안을 인용했지요. 인용은 탄핵 소추안을 받아들인다는 뜻이에요. 이로써 박근혜는 대통령 자리에서 파면되었어요.

지도 위 세계사
한반도에서 만나는 분단의 현장

6·25 전쟁은 냉전 시대에 일어난 우리나라의 가슴 아픈 역사예요. 북한의 침공으로 시작된 전쟁에서 우리 민족은 남과 북으로 나뉘어 싸워야 했지요. 전쟁이 남긴 분단의 현장을 만나 보아요.

- 철원 노동당사
- 철원 승일교
- 파주 판문점 공동 경비 구역
- 파주 임진각

파주 임진각

경기도 파주시 문산면 임진강변에 있는 누각이에요. 1972년에 북한 실향민을 위해 세워졌으며, 지금은 관광지로 유명해요. 임진강에는 6·25 전쟁으로 끊긴 다리가 있으며 그 다리 옆에 임진각 철교가 놓여 있지요.

파주 판문점 공동 경비 구역

6·25 전쟁의 정전 협상이 진행된 곳으로 경기도 파주시 진서면에 있어요. 현재의 건물은 당시 포로 교환 장소로 사용되었던 곳이고, 실제로 정전 협정을 맺은 곳은 북쪽으로 1.5킬로미터(km) 정도 더 떨어진 장소에 있어요.

철원 노동당사

강원도 철원군 철원읍에 있는 지상 3층짜리 건물이에요. 옛 조선 노동당의 당사로 쓰였지요. 6·25 전쟁 때 큰 피해를 입었으며 포탄과 총탄 자국이 촘촘하게 나 있어요.

철원 승일교

강원도 철원군 한탄강에 있는 다리예요. 1948년 북한 땅이었을 때 북한에서 공사를 시작해 다리의 북쪽 부분만 만들어졌어요. 휴전 후 남한 땅이 되자 1958년에 우리 정부가 완공했지요. 분단과 전쟁의 독특한 상황이 만든 남북 합작의 다리로 아름다운 형태를 갖춘 조형미가 돋보여요.

1997년
교토 의정서 채택

1994년
남아프리카 공화국,
넬슨 만델라 대통령 당선

1984년
인도, 보팔 가스 누출 사고

1986년
소련,
체르노빌 원자력 발전소 사고

1994년
남아프리카 공화국,
넬슨 만델라 대통령 당선

5장 평화로운 미래를 위한 숙제들

인류가 탄생한 후 인류는 쉬지 않고 문명을 일구어 왔어요.
그 결과 현대는 그 어느 시대보다 풍요로운 시대를 맞이했으며,
과학 기술의 발달로 전 세계가 하나가 되었지요.
이번 장에서는 우리에게 남아 있는 숙제가 무엇인지 알아볼 거예요.
100년, 200년 후 우리의 후손이 행복하게 살 수 있도록 환경을 잘 보존해야 하는
것은 중요한 숙제예요. 지구촌 곳곳에서 벌어지고 있는 분쟁과 테러, 인권 탄압도
해결해야 해요. 점점 심해지는 빈부 차이를 극복할 방법도 찾아야 하지요.
평화로운 미래를 위해 꼭 알아 두어야 할 것들에는 어떤 게 있을까요?

1997년	2008년	2010년	2011년
교토 의정서 채택	미국, 리먼브라더스 사태 일어남	튀니지, 재스민 혁명 일어남	일본, 후쿠시마 원전 사고

환경 문제를 해결해야 해요

1952년 12월, 영국 런던이 갑자기 어두워졌어요. 시커먼 연기와 안개가 뒤섞여 세상이 뿌옇게 바뀌었지요. 당시 영국에서는 공장에서 기계를 돌릴 때나 가정에서 난방을 할 때 석탄을 썼는데, 석탄이 타면서 나오는 시커먼 연기가 안개와 뒤섞인 거예요. 이런 현상을 '스모그'라고 해요. 스모그는 연기와 안개를 합쳐서 만든 말이에요. 영어로 연기는 스모크(smoke), 안개는 포그(fog)거든요. 스모그가 발생하면 눈에 염증이 생기고 숨을 잘 쉴 수 없어요. 런던에서 발생한 엄청난 스모그로 3주 동안 약 4000명이 목숨을 잃었어요. 이때 호흡기 질환을 얻은 사람들 중 약 8000명은 나중에 목숨을 잃었지요. 이 사건을 '런던 스모그 사건'이라고 해요.

환경 문제는 18세기에 영국에서 산업 혁명이 일어난 뒤부터 드러나기 시작했어요. 공장이 세워지고, 사람들이 도시에 몰려 살게 되면서 환경 문제는 점점 심각해졌지요. 공장에서 석탄을 태울 때 나오는 오염 물질이 하늘에 퍼지고, 공장과 가정에서 나오는 쓰레기와 더러운 물이 땅과 강물을 더럽혔어요. 당시에는 환경이 더러워지면 사람의 목숨까지 위험하다는 것을 몰랐어요. 런던 스모그 사건으로 수많은 사람이 목숨을 잃고서야 환경 문제의 중요성을 깨닫고 관심을 갖기 시작했지요.

하지만 환경 문제가 인류가 해결해야 할 중요한 숙제가 된 것은 21세기부터예요. 그중 지구 온난화는 꼭 해결해야 하는 환경 문제예요. **지구 온난화는 말 그대로 지구의 기온이 올라가는 현상으로, 온실가스 때문에 일어나요.** 온실가스는 지구에 있는 열을 지구 밖으로 빠져나가지 못하게 막아서 지구의 기온을 유지시키는 역할을 하는 가스예요. 온실가스에는 이산화탄소, 메탄,

아산화질소, 과불화탄소 등이 있어요. 그중에서 석탄이나 석유를 태울 때 발생하는 이산화탄소가 가장 대표적인 온실가스예요.

산업이 발전해 석탄과 석유를 연료로 사용하면서 이산화탄소가 많이 발생하는데, 이산화탄소를 흡수할 숲은 점점 사라지고 있어요. 대기 중에 이산화탄소를 비롯한 온실가스가 지나치게 많아져서 지구의 평균 기온이 올라가는 거예요.

지구의 기온이 높아지자 북극에 있는 빙하가 녹으면서 바다의 높이, 즉 해수면이 높아졌어요. 지난 100년 사이에 해수면은 23센티미터(cm)나 높아졌지요. 해수면이 높아지면 해안 지역의 도시와 섬들이 물에 잠기게 될 거예요.

지구 온난화를 막으려면 이산화탄소를 흡수하는 숲이 많아야 해요. 하지만 지구에서 가장 큰 밀림인 아마존의 숲 지대는 오히려 줄어들고

있어요. 반대로 사막은 늘어나고 있지요. 미래를 위해서는 아마존 숲을 보존해야 해요. 사막으로 변하는 땅에는 더 많은 나무를 심어야 하지요. 이산화탄소를 덜 배출하는 새로운 에너지도 개발해야 할 거예요.

지구 온난화는 어느 한 나라의 노력으로 막을 수 없어요. 온실가스 배출을 줄이려면 세계가 함께 고민해야 해요. 그래서 1992년에 브라질의 수도 리우데자네이루에서 세계 여러 나라가 지구 온난화 문제를 함께 해결하기 위해 '기후 변화 협약'을 맺었어요. 1997년에는 온실가스의 배출량을 줄이기 위한 실천 방법을 담은 '교토 의정서'를 채택했지요. 하지만 온실가스를 가장 많이 배출하는 미국과 중국, 일본 등이 참여하지 않아서 효과가 크지 않아요.

20세기 후반에는 환경 사고도 끊이지 않았어요. **가장 대표적인 환경 사고가 인도 보팔 지역에서 일어난 '보팔 독가스 누출 사고'와 옛 소련 시절의 '체르노빌 원자력 발전소 사고'예요.**

1984년 12월, 인도의 보팔 지역에 공장을 둔 미국의 '유니언 카바이드'라는 화학 기업에서 농약과 살충제를 만들다가 독가스가 새어 나오는 사건이 일어났어요. 무려 36톤(t)의 독가스가 공장 근처 마을로 퍼졌지요. 독가스 때문에 지금까지 2만 명이 넘는 사람이 목숨을 잃었다고 해요. 이뿐만 아니라 사고 이후에 태어난 아기 중에는 기형아가 많았으며 평생 여러 가지 병에 시달리는 경우도 많았어요. 독가스는 사람의 목숨만 빼앗은 것이 아니에요. 땅과 강물이 오염됐고, 돌연변이 생물까지 나타났어요.

2년 후인 1986년 4월에 오늘날 우크라이나의 체르노빌 원자력 발전소에서 폭발 사고가 일어났어요. 방사능은 순식간에 퍼져 나갔어요. 원자력 발전소 주변 30킬로미터(km) 안에 사는 사람들이 모두 대피하고 100여 개 마을은 순식간에 유령 마을이 되어 버렸지요. 이 사고 이후 5년 동안 7000명 정도가 목숨을 잃었고, 방사능 피해자는 300만 명이 넘었어요. 사고가 일어났던 지역에는 지금도 사람이 살 수 없어요.

방사능에서 나오는 방사선은 매우 위험한 물질이에요. 방사선을 많이 쬐면 목숨을 잃을 뿐만 아니라 몸에 차곡차곡 쌓여 암에 걸리거나 기형아를 낳게 되어요. 체르노빌 원자력 발전소 사고는 어린이들에게 큰 영향을 끼쳤어요. 어린이 암 환자가 10배로 늘어났지요. 체르노빌 사고 후에 태어난 아이 중에는 기형아도 많았어요. 이 사고는 원자력 사고의 피해가 인류의 생존을 위협할 수도 있다는 사실을 보여 주었어요.

환경 문제가 심각해지자 '지구의 벗', '그린피스' 같은 환경 보호 단체가 생겨났어요. 1969년에 생긴 지구의 벗은 온난화 방지와 산림 보존 등을 목표로 활동하고 있어요. 1971년에 생긴 그린피스는 멸종 위기 동물을 보호하고, 핵무기 반대 활동을 하고 있지요. 세계 각국의 정부도 환경 문제의 심각성을 깨닫고 있어요. 생태계 보호와 핵 폐기를 내세우는 녹색당이 독일을 비롯한 많은 나라에서 생겨났어요.

환경 문제 말고도 인류가 해결해야 할 문제가 또 있는지 알아볼까요? 여러 인종이 섞여 사는 나라에서는 인종 차별이 커다란 사회 문제랍니다.

인종 차별은 사라져야 해요

아프리카의 가장 남쪽에 있는 남아프리카 공화국에서는 20세기가 끝날 때까지 인종 차별이 아주 심했어요. 남아프리카 공화국의 인종 차별은 뿌리가 깊어요. 17세기에 백인들이 남아프리카 공화국에 이주해 오면서 인종 차별이 시작되었지요.

1948년에 네덜란드 출신의 백인이 권력을 잡으면서 인종 차별 정책이 더 심해졌어요. 이들은 아프리카 흑인, 백인과 흑인 사이에 태어난 컬러드, 인도인을 비롯한 아시아 사람들을 법률적으로 엄격히 나누어 소수의 백인이 지배하게 하는 인종 차별 정책을 펼쳤어요. **이를 '아파르트**

헤이트'라고 해요. 아파르트헤이트는 '분리' 또는 '격리'를 뜻하는 남아프리카 공화국의 말이에요. 백인과 유색 인종은 사는 곳도 달랐고, 다른 인종과는 결혼할 수 없었으며 투표권도 주지 않았어요. 남아프리카 공화국의 아파르트헤이트 정책은 전 세계의 비난을 받았지요.

남아프리카 공화국의 아프리카 흑인들은 아파르트헤이트에 맞서 시위와 파업을 벌였으며 폭동을 일으키기도 했어요. 그중에서도 넬슨 만델라가 이끄는 '아프리카 민족 회의'의 활동이 두드러졌어요. 남아프리카 공화국은 만델라를 오랫동안 감옥에 가두었어요. 만델라는 무려 27년이나 감옥에 갇혀 있어야 했어요. 물론 아파르트헤이트에 반대하는 백인들도 있었어요. 이들은 아파르트헤이트에 맞서는 흑인들을 도와주었지요.

1989년에 남아프리카 공화국의 대통령 데클레르크는 만델라를 석방하고 흑인과 손을 잡았어요. **1994년에는 만델라가 남아프리카 공화국 최초의 흑인 대통령에 당선되면서 아파르트헤이트는 폐지되었어요.**

미국에서도 오랫동안 인종 차별이 있어 왔어요. 미국은 아프리카에서 수많은 흑인을 데려와 노예로 삼고 온갖 고된 일을 시켰어요. 남북 전쟁으로 노예 해방이 이루어진 뒤에도 백인들은 흑인들을 심하게 차별했지요. 버스에 흑인 자리와 백인 자리가 나뉘어 있을 정도였어요.

1955년 12월, 미국의 앨라배마 주 몽고메리에서 파크스라는 흑인 여성이 버스의 백인 승객에게 자리를 양보하지 않았다는 죄로 경찰에 체포되었어요. 이 사건을 계기로 흑인들은 파업을 벌이고, 버스를 타지 말자는 운동을 벌였어요. 수많은 흑인이 들고일어난 덕분에 파크스는 재판에서 이길 수 있었어요. 이 운동을 이끈 사람은 흑인 인권 운동가이자 목사인 마틴 루서 킹이에요.

1963년 8월, 마틴 루서 킹은 미국의 수도 워싱턴에 있는 링컨 기념관에서 집회를 열었어요. 20만 명이 넘는 사람이 몰렸지요. 이때 마틴 루서 킹이 남긴 연설은 많은 사람에게 감동을 주었어요.

나에게는 꿈이 있습니다. 조지아 주의 붉은 언덕에서 노예의 후손들과 노예 주인의 후손들이 형제처럼 손을 맞잡고 나란히 앉게 되는 꿈입니다.

나에게는 꿈이 있습니다. 불의와 억압의 열기에 신음하는 미시시피 주가 자유와 정의의 오아시스가 되는 꿈입니다.

나에게는 꿈이 있습니다. 내 아이들이 피부색을 기준으로 사람을 평가하지 않고 인격을 기준으로 사람을 평가하는 나라에서 살게 되는 꿈입니다. 지금 나에게는 그 꿈이 있습니다.

나에게는 꿈이 있습니다. 지금은 지독한 인종 차별주의자들과 주지사가 연방 정부의 정책 개입과 연방법 실시를 거부한다고 떠벌리는 앨라배마 주에서, 흑인 어린이들이 백인 어린이들과 형제자매처럼 손을 마주 잡을 수 있는 날이 올 것이라는 꿈입니다.

마틴 루서 킹의 이 연설은 미국 역사를 통틀어서도 매우 훌륭한 연설로 손꼽혀요. 하지만 안타깝게도 마틴 루서 킹은 1968년에 미국 테네시 주 멤피스에서 백인 테러범에게 목숨을 잃었어요.

그 후로도 미국에서 인종 차별 사건은 종종 일어났어요. 1991년에는 미국 로스앤젤레스에서 과속 운전하다 도망치던 흑인을 백인 경찰들이 마구 폭행한 장면이 텔레비전에 방영되었어요. 그런데 법원 배심원단이 경찰들에게 무죄 평결을 내리자 흑인들이 폭동을 일으켰지요. 이 사건이 '로스앤젤레스 폭동'이에요.

2008년에 미국에서 버락 오바마가 대통령에 당선되었어요. 미국에서 처음으로 흑인 대통령이 나온 것이지요. 하지만 아직도 미국의 인종 차별은 완전히 사라지지 않았어요. 지금도 인종 차별 문제로 나라가 떠들썩할 때가 적지 않지요.

한편, 현대에도 전쟁을 끝내지 못한 나라들이 있어요. 세계 곳곳에서 일어나는 내전을 알아보아요.

세계 곳곳에서 내전이 일어났어요

인류는 오랫동안 같은 핏줄끼리 모여 살았어요. 그래서 자기 민족끼리 나라를 세우는 경우가 많았지요. 그런데 20세기 이후에 여러 민족이

모여서 나라를 이룬 경우가 많아졌어요. 발칸 반도에 있는 유고슬라비아도 그중 하나예요.

발칸 반도는 오래전부터 로마, 비잔티움 제국, 오스만 제국의 지배를 받아왔어요. 그래서 그리스 정교와 이슬람교 등 서로 다른 종교를 믿는 사람들이 섞여 있었지요. 제2차 세계 대전 때 독일 저항 운동을 이끌던 티토가 유고슬라비아 사회주의 연방 공화국을 세웠어요. 이 나라는 6개 공화국과 2개의 자치구로 이루어졌어요. 6개 공화국은 세르비아, 슬로베니아, 크로아티아, 보스니아헤르체고비나, 몬테네그로, 마케도니아이고, 2개의 자치구는 코소보와 보이보디나예요.

하지만 **강력한 대통령이었던 티토가 세상을 떠나자 공화국 사이에 갈등이 커졌어요. 게다가 동유럽의 공산주의 진영이 무너지면서 유고슬라비아도 갈라서기 시작했지요.** 1991년에 크로아티아, 슬로베니아, 마케도니아가 독립했어요. 이듬해 보스니아헤르체고비나도 독립을 선언했지요.

보스니아헤르체고비나에는 보스니아계가 48퍼센트(%), 세르비아계가 37퍼센트(%), 크로아티아계가 14퍼센트(%) 정도 살았어요. 그중 그리스 정교를 주로 믿는 세르비아계와 이슬람교를 주로 믿는 보스니아계가 충돌을 일으켰어요. 세르비아 사람들은 유고슬라비아 사회주의 연방 공화국에 남고 싶어 했고, 보스니아의 이슬람교도들은 독립하고 싶어 했기 때문이에요.

1992년에 세르비아 사람들이 보스니아 사람들을 학살하면서 보스니아헤르체고비나 내전이 시작되었어요. 세르비아 공화국에서도 보스니아헤르체고비나에 군대를 보냈지요. 세르비아 사람들은 이를 '인종 청소'라 불렀어요. 다른 민족을 모조리 없애겠다는 뜻이지요. 이 내전으로 수많은 보스니아 사람이 목숨을 잃었어요. 그중 1995년에 보스니아헤르체고비나의 동쪽에 있는 스레브레니차에서 일어난 사건이 가장 유명해요. 세르비아 사람들은 7000명이 넘는 보스니아 사람을 무참하게 죽였어요. 이때 목숨을 잃은 사람들이 스레브레니차 무덤에 묻혀 있어요. 내전은 유엔에서 평화 유지군을 파견하고 세계 각국의 지도자들이 전쟁을 끝내라고 요청하고서야 끝날 수 있었어요. 25만 명이나 되는 사람이 목숨을 잃은 뒤였지요.

코소보에서도 내전이 일어났어요. 코소보는 알바니아와 세르비아 사이에 있어요. 코소보에는 이슬람교를 믿는 알바니아 사람들이 약 90퍼센트(%), 세르비아 사람들이 약 10퍼센트(%) 살고 있었어요. **1998년에 코소보에 사는 알바니아 사람들이 독립을 주장하기 시작했어요. 그러자 세르비아 사람들이 군대를 조직해서 알바니아 사람들을 공격했어요.** 세르비아 공화국의 대통령 밀로셰비치도 코소보에 군대를 보내 알바니아 사람들을 마구 죽이기 시작했지요. 제2차 인종 청소가 시작된 거예요. 유엔이 개입하고 북대서양 조약 기구의 군대가 세르비아 공화국을 공격하고서야 코소보 내전은 끝이 났어요.

유고슬라비아 연방 공화국은 2006년 6월에 세르비아, 몬테네그로, 크로아티아, 슬로베니아, 마케도니아, 보스니아헤르체고비나로 완전히 갈

라섰어요. 코소보는 2008년에 세르비아로부터 독립을 선언했지만 세르비아는 이를 받아들이지 않고 있지요.

러시아의 소수 민족인 체첸도 독립하려고 싸우고 있어요. 체첸은 1859년에 러시아 제국에 강제로 합쳐졌다가 소련의 영토가 되었어요. 체첸에는 체첸 인이 약 90퍼센트(%), 러시아 인이 약 10퍼센트(%) 살았어요. 체첸 인은 대부분 이슬람교를 믿지요. **1991년에 소련이 해체될 때 체첸도 독립하려고 했지만 러시아가 이를 막았어요.** 체첸이 독립하면 러시아의 다른 소수 민족들도 독립하려고 할 것이기 때문이었어요. 또한 체첸 땅에 묻힌 석유 때문에 체첸을 독립시키고 싶어 하지 않았지요. 1994년과 1999년, 두 차례에 걸쳐 체첸 독립파와 러시아 사이에 전쟁이 일어났지만 체첸 독립파가 패했어요. 아직도 체첸과 러시아 사이의 분쟁은 계속되고 있어요.

중국도 티베트 민족이 독립 운동을 벌이고 있어요. 중국에는 56개나 되는 민족이 살아요. 그중 티베트 민족은 여섯 번째로 큰 민족이지요. **1950년에 중국에 점령당한 티베트 민족은 계속 중국과 맞섰어요.** 그때마다 중국은 티베트 민족을 진압하고, 티베트 사람들이 믿는 티베트 불교를 탄압했어요. 티베트 승려들도 분신 같은 방법으로 저항을 하고 있어요.

아프리카에도 내전이 끊이지 않고 있어요. **아프리카는 제2차 세계 대전이 끝난 뒤 서양 강대국이 멋대로 그어 놓은 국경선 때문에 여러 부족이 섞여 한 나라를 이룬 경우가 많아요.** 그래서 부족 사이의 다툼으로 수많은 사람이 목숨을 잃거나 집을 떠나 떠돌고 있어요. 특히 르완다, 콩고, 소말리아, 수단 등에서 일어난 내전에서는 수십 만 명이 목숨을 잃고, 수백 만 명의 난민이 생겼어요.

이번엔 세계 곳곳에서 일어나는 테러를 살펴볼까요?

세계 곳곳에서 테러가 벌어졌어요

2001년 9·11 테러 이후에 미국은 유럽 국가들을 비롯한 여러 나라의 도움을 받아 '테러와의 전쟁'을 시작했어요. 미국은 테러를 일으킨 알카에다의 우두머리인 오사마 빈라덴을 숨겨 준 아프가니스탄을 공격했어요. 2003년에는 이라크를 공격해 이라크의 사담 후세인을 쫓아냈지요.

그 후, 이라크에는 미국이 지원하는 정부가 들어섰어요. 하지만 미국에 반대하는 이슬람 세력들이 많았어요. 정부군과 반정부군 사이에 전투도 많았고, 테러도 자주 일어났어요. 또한 수니파와 시아파 사이에 갈등도 심해졌지요.

'테러와의 전쟁'을 벌였지만 테러는 사라지지 않았어요. 2004년에는 에스파냐 마드리드의 기차역 세 곳에서 동시에 폭탄이 터져 190여 명이

사망하고 1800여 명이 다쳤어요. 2005년에는 영국 런던의 기차와 버스에서 동시에 폭탄이 터져 56명이 죽고 700여 명이 다쳤지요.

2006년 무렵, 알카에다보다 더 극단적인 수니파 테러 단체가 나타났어요. 이 단체는 이라크에 있는 테러 단체를 끌어들이고, 각종 테러를 저질렀어요. 바로 '이슬람 국가'로 '아이에스(IS)'라고도 해요.

2015년 10월에 이집트 시나이 반도에서 러시아 여객기가 추락해 비행기에 타고 있던 사람들이 모두 목숨을 잃었어요. 이 사고도 이슬람 국가의 테러라고 여겨져요. 그해 11월에는 프랑스 파리의 공연장과 식당 등에서 이슬람 국가 조직원이 사람을 가리지 않고 총을 쏘아 많은 시민을 죽였어요. 이 밖에도 이슬람 국가가 저지른 것으로 여겨지는 크고 작은 테러가 끊이지 않아요.

미국은 2014년 8월에 이라크에 있는 이슬람 국가의 근거지를 공격했어요. 이어서 그해 9월에는 아랍 5개국과 시리아에 있는 이슬람 국가의 근거지를 폭격했어요. 왜 시리아가 이슬람 국가의 근거지가 되었을까요? 2013년에 시작된 시리아 내전 때문이에요. 시리아가 내전으로 혼란스러운 틈을 타서 이슬람 국가가 시리아에 근거지를 마련한 것이지요.

시리아 내전은 2010년 튀니지에서 시작된 아랍 민주화 운동의 영향으로 일어났어요. 아랍의 민주화 운동이 엉뚱하게 번진 것이지요. 아랍의 민주화 운동을 '아랍의 봄'이라고도 해요. 그럼 튀니지에서 일어난 민주화 운동에 대해서 알아볼까요?

아랍에 민주화 운동이 일어났어요

2010년 12월, 북아프리카 튀니지에서 무허가 노점상을 하던 한 청년이 경찰의 단속에 항의해서 몸에 불을 붙여 스스로 목숨을 끊었어요. 이 소식을 들은 사람들은 크게 분노했어요. 당시 튀니지를 다스리던 벤 알리 대통령은 20년 넘게 독재를 하고 있었어요. 튀니지 사람들은 오랜 독재 정치로 고통을 받고 있었지요.

청년들이 거리로 뛰쳐나와 독재 타도를 외치며 시위를 했어요. 시민들도 함께했어요. **시위는 튀니지 전체로 퍼졌어요. 결국 2011년 1월, 벤 알리 대통령은 사우디아라비아로 도망가야 했지요. 이것을 '튀니지 혁명' 또는 '재스민 혁명'이라고 해요.** 재스민이 튀니지에서 가장 흔히 볼 수 있는 꽃이어서 '재스민 혁명'이라고 부른 것이에요.

튀니지에 이어 민주화 운동이 일어난 곳은 이집트예요. 이집트 사람들은 가난에 시달렸어요. 실업자가 넘쳐 났고, 물가가 매우 높았어요. 또한 이집트 무바라크 대통령의 독재 정치가 이어지고 있었고, 정부 관료들의 부정부패도 심했지요.

2011년 1월, 카이로에서 시위가 시작되었어요. 시위는 수에즈와 알렉

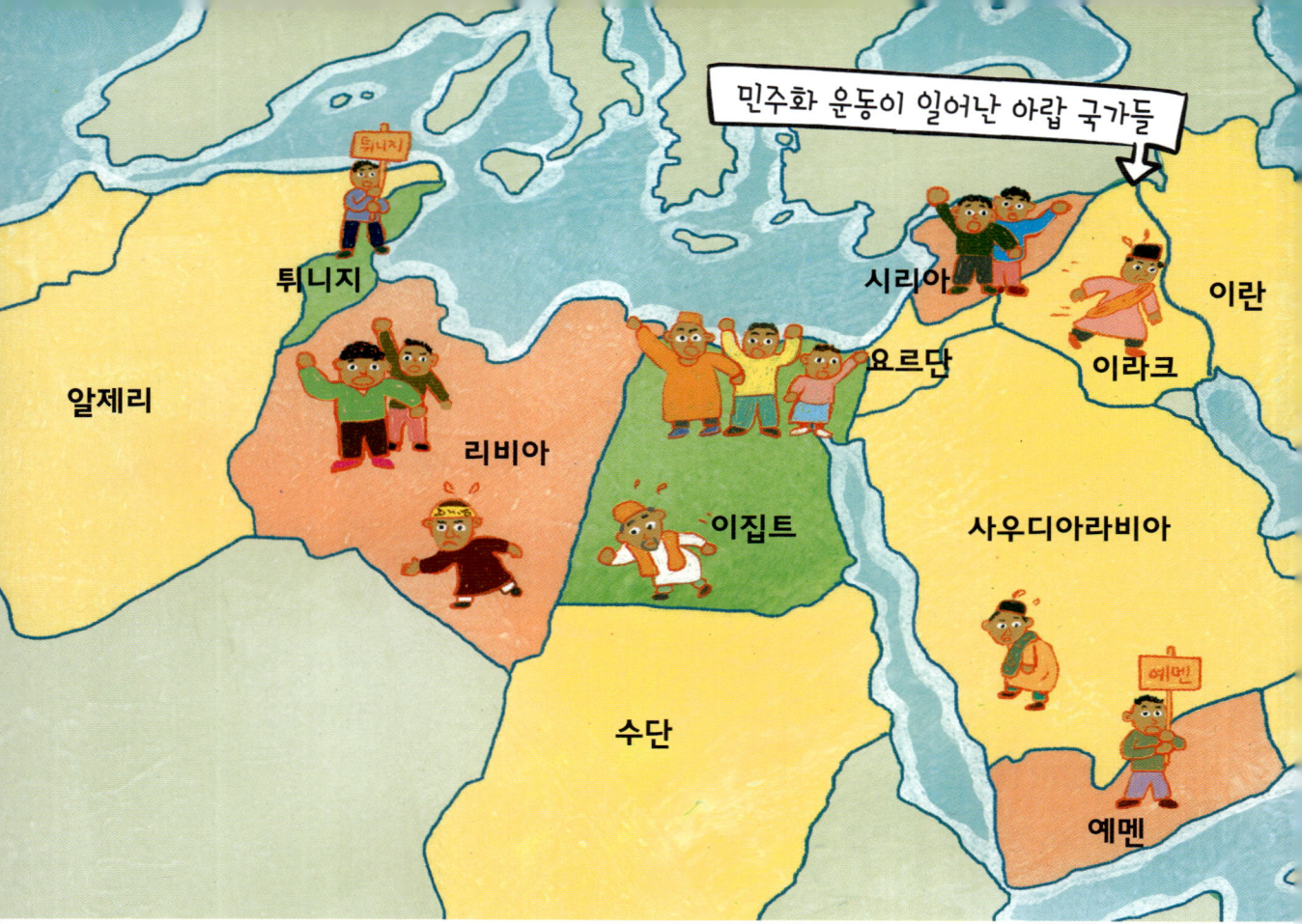

산드리아 등 전국으로 퍼져 나갔지요. 경찰이 시위대를 향해 총을 쏘아 800명이 넘는 사람이 목숨을 잃었고, 6000명이 넘는 사람이 다쳤어요. 하지만 이집트 시민들은 저항을 멈추지 않았어요. 결국 무바라크는 대통령 자리를 내놓아야 했지요.

튀니지 혁명은 리비아와 예멘에도 영향을 미쳤어요. 리비아의 대통령 카다피는 무려 42년간 독재 정치를 하고 있었어요. 2011년에 리비아에서도 민주화를 요구하는 시위가 일어나자 카다피는 시위대에 총을 쏘면서 잔인하게 진압했어요. 결국 영국, 프랑스 등 북대서양 조약 기구의 군대가 리비아를 쳐들어가 수도인 트리폴리를 점령했어요. 카다피는 시민군들에게 목숨을 잃었지요. 예멘에서는 1978년부터 33년간 독재 정치를 한 알리 압둘라 살레 대통령이 물러났어요.

시리아에서도 민주화 운동이 일어났어요. 시리아의 대통령 아사드는 탱크에서 총을 쏘는 등 잔인하게 시위를 진압했어요. 하지만 시위는 전국으로 번졌고, 시리아는 내전 상황이 되었지요. **이슬람 국가가 시리아의 내전을 이용해 시리아에 자리 잡았어요.** 시리아의 내전이 계속되면서 시리아는 무법천지가 되었어요. **수많은 시리아 사람이 난민이 되어 유럽으로 들어갔지요.** 시리아 난민 문제는 유럽에 큰 부담이 되고 있어요.

한편, 21세기에도 영토를 놓고 다투는 나라가 많아요. 전쟁까지 벌이기도 해요. 영토 분쟁이 벌어지고 있는 나라들을 알아보아요.

영토 분쟁이 갈수록 심해지고 있어요

1982년에 아르헨티나 남쪽에서 480여 킬로미터(km) 정도 떨어져 있는 포클랜드 제도에서 영국과 아르헨티나가 전쟁을 벌였어요. '포클랜드 전쟁'이 일어난 거예요. 포클랜드 제도를 둘러싼 영국과 아르헨티나의 다툼은 19세기에 시작되었어요.

포클랜드 제도는 16세기부터 영국과 에스파냐가 서로 자기네 영토라고 주장하던 곳이에요. 그런데 1816년에 아르헨티나가 에스파냐로부터 독립한 뒤에는 아르헨티나가 포클랜드 제도를 자기네 영토라고 주장했어요. 영국은 이를 인정하지 않았지요. 1833년에 영국은 포클랜드 제도에 해군 기지를 만들고, 영국 사람들을 섬에서 살게 했어요. 아르헨티나는 계속해서 영국이 불법으로 포클랜드 제도를 차지하고 있다고 주장했어요. 하지만 영국은 이를 무시해 왔지요.

영국이 멀리 떨어져 있는 포클랜드 제도를 포기하지 못하는 까닭은 여러 가지가 있어요. 우선 포클랜드 제도는 태평양과 대서양을 잇는 항로의 기지일 뿐만 아니라 남극에서 가깝기 때문이에요. 영국이 남극을 이용하려면 포클랜드 제도가 꼭 필요하지요.

1982년에 아르헨티나가 영국 군대가 있는 포클랜드 제도로 쳐들어갔어요. 영국은 곧바로 해군을 포클랜드 제도로 보냈지요. **포클랜드 전쟁은 70여 일 만에 영국의 승리로 끝났어요. 하지만 아르헨티나는 지금도 포클랜드 제도를 아르헨티나 땅이라 주장하고 있어요.**

동아시아에서도 영토 분쟁이 자주 일어나고 있어요. 대표적인 지역을 살펴볼까요?

남중국해 남쪽에 있는 난사 군도를 두고 중국, 타이완, 필리핀, 베트남, 브루나이, 말레이시아의 6개 국가가 다투고 있어요. 난사 군도는 중국 이름이고, 필리핀은 칼라얀 군도, 베트남은 쯔엉사 군도라고 해요.

난사 군도에서 가장 큰 섬도 바다 위로 드러난 부분이 3~4미터(m) 정도밖에 되지 않기 때문에 사람이 살 수 없는 곳이에요. 그런데도 6개 국가가 자기네 영토라고 주장하는 것은 난사 군도가 해상 교통의 요충이지고 엄청난 양의 석유와 천연가스가 매장되어 있기 때문이에요. 6개 국가에 둘러싸여 있기 때문에 군사적으로도 중요한 곳이지요. 중국은 이곳에 군사 기지를 세웠어요. 국제 분쟁을 평화적으로 해결하려고 세워진 '상설 중재 재판소'에서 2016년에 난사 군도에 대해 중국의 영유권 주장은 법적 근거가 없다고 판결했지만 중국은 아랑곳하지 않고 있어요.

동중국해의 조어도 열도를 두고는 중국과 일본 사이에 다툼이 있어요. 이곳을 중국 사람들은 댜오위다오 열도, 일본 사람들은 센카쿠 열도라고 불러요. 조어도는 우리나라에서 부르는 이름이에요. 조어도 열도가 있는 동중국해도 막대한 자원이 묻혀 있고, 군사적으로 중요한 곳이에요. 지금 조어도 열도는 일본이 관리하고 있어요. 하지만 중국은 이 지역이 원래는 중국 영토였는데, 청·일 전쟁 때 강제로 빼앗겼다고 주장하고 있어요. 이곳 또한 영토 분쟁이 쉽게 끝날 것 같지 않아요.

인도와 파키스탄도 카슈미르 지역을 둘러싸고 다투고 있어요. 인도와

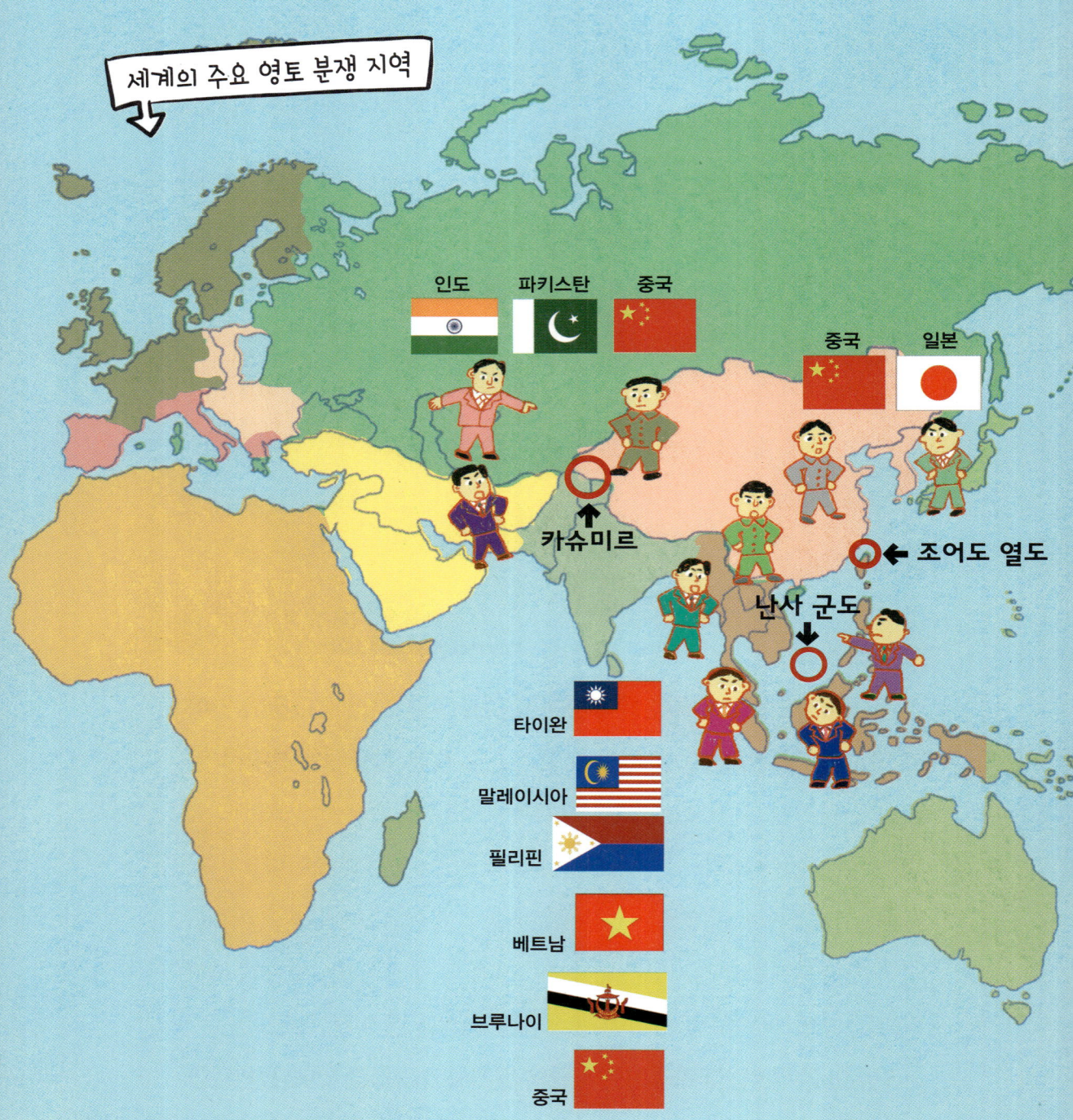

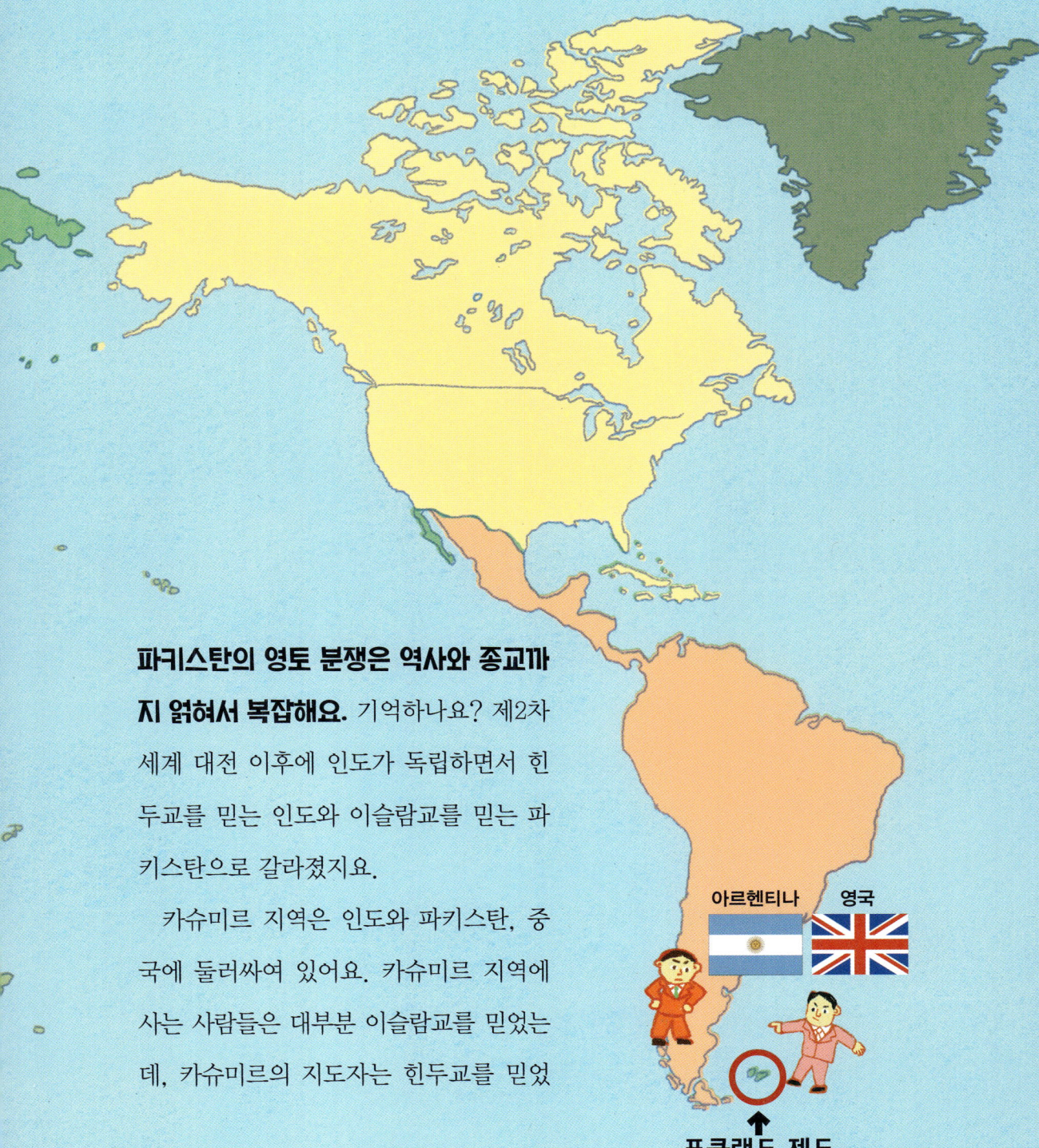

파키스탄의 영토 분쟁은 역사와 종교까지 얽혀서 복잡해요. 기억하나요? 제2차 세계 대전 이후에 인도가 독립하면서 힌두교를 믿는 인도와 이슬람교를 믿는 파키스탄으로 갈라졌지요.

카슈미르 지역은 인도와 파키스탄, 중국에 둘러싸여 있어요. 카슈미르 지역에 사는 사람들은 대부분 이슬람교를 믿었는데, 카슈미르의 지도자는 힌두교를 믿었

어요. 카슈미르 사람들은 파키스탄에 들어가기를 바랐지만 카슈미르의 지도자가 멋대로 인도에 들어가기로 결정했어요. 그러자 이슬람교 신자들이 반란을 일으켰어요. 카슈미르의 지도자는 인도에 도움을 요청했지요. 인도와 파키스탄은 카슈미르 지역에서 전쟁을 벌였어요. 그 결과 카슈미르 지역은 인도에 속하는 잠무 카슈미르와 파키스탄에 속하는 아자드 카슈미르로 갈라졌어요.

그 후 카슈미르 지역은 두 번이나 더 전쟁을 치렀어요. 그러다 1971년에는 방글라데시가 다시 인도에서 떨어져 나가 독립을 선언했지요. 그 후에도 두 나라는 자주 충돌했고, 테러도 잇달았어요.

한편, 중국도 카슈미르 분쟁에 끼어들었어요. 1962년 말에 중국은 카슈미르의 동쪽 지역을 쳐들어가 그곳을 차지했어요. 그래서 카슈미르 지역은 인도령, 파키스탄령, 중국령으로 갈라졌어요.

세계 평화를 위협하는 것에 또 무엇이 있는지 살펴볼까요?

경제 위기에 잘 대처해야 해요

제2차 세계 대전이 터진 가장 큰 이유 중 하나가 대공황이었어요. 21세기에도 경제 위기가 심심찮게 나타나고 있어요. 특히 세계 제일의 경제 대국인 미국에서 경제 위기가 나타나면 전 세계가 그 영향을 받아요.

2008년에 미국에서 네 번째로 큰 금융 회사인 '리먼브라더스'가 문을 닫았어요. 우리 돈으로 700조에 가까운 6400억 달러를 갚지 못한 거예요. 리먼브라더스가 파산한 이유가 무엇일까요?

2000년대 초반에 미국은 9·11 테러 때문에 아프가니스탄에 이어 이라크와 전쟁을 벌이느라 경제가 나빠졌어요. 그러자 미국은 나라 경제를 되살리려고 금리를 내렸어요. 금리가 낮아지면 금융 회사에서 돈을 빌릴 때 갚아야 할 이자가 줄어들어요. 그러면 사람들이 금융 회사에서 돈을 더 많이 빌려 쓰게 되지요. 이 무렵 미국에서는 집값이 많이 올랐어요.

미국 사람들은 집값이 오르는 것보다 갚아야 할 이자가 적었기 때문에 금융 회사에서 돈을 빌려 집을 샀어요. 집값은 계속 올랐어요. **금융 회사에서는 집을 담보로 돈을 빌려주었지요. 이것을 '서브프라임 모기지론'이라고 해요.**

2004년 무렵에 미국이 금리를 올렸어요. 그러자 집값이 가장 먼저 떨어지고 금융 회사에서 돈을 빌려 집을 샀던 사람들이 이자를 갚을 수 없게 되었어요. 돈을 빌려주었던 금융 회사는 빌려준 돈을 받지 못해 휘청거렸어요. 그런 금융 회사 가운데 리먼브라더스가 있었어요. 리먼브라더스의 뒤를 이어 여러 금융 회사가 문을 닫았어요.

이 사건으로 미국 경제가 비틀거렸어요. 그 파장은 곧 유럽으로 퍼져

나갔지요. 세계 경제가 위기를 맞은 거예요.

가장 먼저 그리스가 국가 부도 위기를 맞았어요. 그리스의 수많은 기업이 문을 닫았고, 실업자가 크게 늘었지요. 곧이어 경제 위기는 이탈리아와 에스파냐로 번졌어요. 그리스는 유럽 여러 나라의 도움을 받아 국가 부도 위기를 넘길 수 있었어요.

미국은 2008년에 일어난 리먼브라더스 사태 이후 금융 회사가 망하지 않도록 하기 위해 엄청난 돈을 금융 회사에 쏟아부었어요. 모두 국민들이 낸 세금이었지요. 그런데 금융 회사들은 그 돈으로 임직원에게 보너스를 나눠 주었어요. 이 소식을 들은 미국 사람들은 크게 분노했어요. 리먼브라더스 사태 이후에 어려움에 처한 국민들이 많았어요. 청년들은 일자리를 구할 수 없었고, 집을 잃은 사람들도 많았어요.

2011년 9월, 미국 뉴욕의 월스트리트에서 사람들이 모여 시위를 시작했어요. 월스트리트에 뉴욕 증권 거래소를 비롯해서 중요한 금융 회사가 모두 몰려 있기 때문이었어요. 미국 국민들은 금융 회사의 잘못된 정책으로 고통받는데, 금융 회사의 경영자들은 오히려 더 부자가 되었지요.

가난한 사람은 더 가난해지고, 부자는 더 부자가 되는 사회에 분노가 폭발한 것이에요. 전 세계 사람들이 이들을 적극적으로 지지했어요.

2013년으로 접어든 후에는 아시아의 여러 나라가 경제 위기를 맞았어요. 세계에서 가장 큰 경제 시장 중의 하나로 손꼽히는 중국도 예외는 아니었어요. 중국은 그동안 놀라운 속도로 경제 성장을 했어요. 그러다가 2015년 무렵부터 성장 속도가 느려졌어요. 이 또한 다른 나라들에 큰 영향을 미쳤어요. 우리나라 경제의 전망도 아주 밝지는 않아요. 이미 전 세계 경제가 크게 성장하지 못하고 있기 때문이에요. 청년들의 실업도 사회의 큰 문제가 되고 있어요.

마지막으로, 인류의 미래를 위해 꼭 해결해야 할 것을 하나만 더 알아볼까요?

빈부 격차와 굶주림에도 대처해야 해요

오늘날 우리나라에 살고 있는 어린아이들은 대부분 하루 세끼를 걱정하지 않아요. 물론 아직도 굶주림에 시달리는 아이들이 있어요. 그래도 아프리카에 비하면 천국이나 다름없어요.

아프리카 전체 인구는 약 12억 명이에요. 그중 절반에 가까운 5억 명이 식량과 물 부족으로 고생하고 있어요. 이들이 하루에 쓰는 돈은 1달러, 우리 돈으로 1200원이 안 되어요. 3억 명 이상이 하루에 한 끼도 먹지 못하고 있지요. 제대로 먹지 못하니 굶어 죽는 사람도 많아요. 특히 에티오피아, 수단, 소말리아 등 아프리카 동부에 굶주려 죽는 사람이 많아요. 아프리카만 그런 게 아니에요. **오늘날 전 세계 인구는 약 70억 명이에요. 그중 12억 명이 굶주림에 시달리고 있어요.** 물론 대부분은 가난한 나라에 사는 사람들이에요.

미국이나 일본, 영국, 독일 등 부유한 나라와 아프리카처럼 가난한 나라의 경제력은 크게 차이나요. **부유한 나라와 가난한 나라의 경제력 차이를 '빈부 격차'라고 해요. 이 빈부 격차 문제는 세계 인류가 꼭 풀어야 할 숙제 중 하나예요.**

가난한 나라가 더 가난해진 것은, 어쩌면 부유한 나라의 책임일 수도 있어요. 가난한 나라들은 대부분 부유한 나라의 식민지였으니까요. 과거에 부유한 나라들은 가난한 나라의 자원을 마음대로 약탈했어요. 그 자원을 이용해 부유한 나라들은 더 부유해질 수 있었지요.

빈부 격차 문제를 해결하지 않으면 가난한 나라의 미래는 어두울 수밖에 없어요. 어린아이들이 제대로 먹지도 못하고, 병에 걸려도 치료하지 못하고, 교육도 받지 못하기 때문이에요.

자, 이제 기나긴 역사 여행이 끝났어요. 이 여행에서 여러분은 무엇을 배웠나요? 지금까지의 역사도 중요하지만 앞으로의 역사는 그보다 더 중요하답니다. 희망찬 미래를 건설하기 위해 우리 모두가 힘을 합쳐야 해요. 그러면 인류의 미래는 아주 찬란하게 빛날 거예요.

지도 위 세계사
세계 여러 나라에서 만나는 환경 사고

원자력 발전소의 방사능 누출 사고는 인류를 위협하는 가장 위험한 환경 사고예요. 또한 대기 오염, 해양 오염을 비롯한 갖가지 환경 사고가 전 세계에서 일어나고 있지요. 주요 환경 사고가 난 곳을 찾아가 보아요.

우크라이나의 체르노빌

옛 소련, 오늘날 우크라이나 북부의 도시예요. 1986년에 체르노빌에 있는 원자력 발전소에서 원자로가 폭발하여 방사능이 유출되었어요. 이 사고로 수많은 사람이 희생되고 방사능 후유증에 시달렸지요. 체르노빌은 폐쇄되었으며 아직까지도 사람이 살 수 없어요.

인도의 보팔

인도 중부에 있는 도시예요. 1984년, 보팔에 있는 미국계 다국적 기업인 유니언 카바이드사의 살충제 공장에서 독성 가스가 새어 나왔어요. 이 사고로 하룻밤에 수천 명이 목숨을 잃고, 마을의 상수도가 오염되면서 암과 호흡 곤란, 기형아 출산율이 치솟았지요.

일본의 후쿠시마

일본의 혼슈 중북부 동해와 태평양에 면한 곳에 있는 도시예요. 2011년 일본 동북부에서 발생한 대지진과 쓰나미로 인해 이곳 원자력 발전소가 파괴되어 방사능이 유출되었어요. 후쿠시마에는 아직도 방사능이 검출되고 사람들이 살 수 없어요.

미국의 멕시코 만

2010년, 미국의 남부 멕시코 만에서 사상 최악의 석유 유출 사고가 일어났어요. 영국의 석유 회사인 비피(BP)의 석유 시추 시설이 폭발한 것이지요. 이 사고로 이후 5개월 동안 어마어마한 양의 원유가 유출되어 바닷물을 오염시키고 생태계를 파괴해 모든 생물들에게 큰 피해를 입혔어요.

세계사 정리 노트

지금까지 국제 분쟁과 현대 사회에 대해 이야기했어요. 20세기 중반부터 오늘날까지 세계는 냉전 시대와 사회주의 붕괴를 겪으며 자본주의 세계가 넓어졌어요. 또한 놀랄 만한 과학적 성과로 풍요로운 시대를 맞았지요. 하지만 환경 문제와 테러 등의 큰 숙제가 앞으로의 과제로 남아 있어요. 국제 분쟁과 현대 사회를 배울 때 나오는 지역, 인물, 사건 등을 정리해 보아요.

정리 1 세계사 속 중요 지역

- **골란 고원** 시리아 남서부에 있는 구릉 지대예요. 시리아와 이스라엘 사이에 있어 전략적으로 중요한 곳이에요.
- **난사 군도** 남중국해에 있는 산호초의 무리예요. 중국, 타이완, 필리핀, 베트남, 브루나이, 말레이시아의 6개 국가가 난사 군도를 두고 다투고 있어요.
- **샤트알아랍 강** 이라크 동남부, 티그리스 강과 유프라테스 강의 합류점에서부터 페르시아 만까지 흐르는 강이에요. 하류 쪽은 이란과 국경을 이루어요.
- **수에즈 운하** 이집트의 동북부에 있는, 지중해와 홍해를 연결하는 운하예요. 아시아와 유럽을 연결하는 가장 짧은 바닷길이에요.
- **시나이 반도** 아라비아 반도와 아프리카 대륙을 잇는 삼각형의 반도예요. 북쪽은 지중해, 남쪽은 홍해에 닿아 있으며 이집트 영토예요.
- **월스트리트** 미국 뉴욕 시에 있는 세계 금융 시장의 중심가예요. 뉴욕 증권 거래소를 비롯해 주요 증권 회사와 은행 등이 모여 있어요.
- **조어도** 동중국해 남쪽에 있는 섬이에요. 중국과 일본의 영토 분쟁 지역으로,

중국어로는 댜오위다오 열도, 일본어로는 센카쿠 열도라고 해요.
- **카슈미르** 남아시아의 북쪽 인도와 중국, 파키스탄의 경계에 있는 산악 지대예요. 인도와 파키스탄이 이 지역을 둘러싸고 분쟁을 하고 있어요.
- **포클랜드 제도** 대서양 서남부, 마젤란 해협 동쪽에 있는 섬의 무리예요. 영국령으로, 영국과 아르헨티나 간의 영토 분쟁 지역이에요.

정리 2 세계사 속 중요 인물

- **가말 압델 나세르** 이집트의 군인이자 정치가예요. 대통령이 된 뒤 수에즈 운하의 국유화를 선언하고 전쟁을 치러 영국에게서 수에즈 운하를 되찾았어요.
- **김구** 우리나라의 독립운동가이자 정치가예요. 대한민국 임시 정부에서 활동하다 1944년에 임시 정부 주석을 지냈어요. 8·15 광복 이후에는 신탁 통치와 남한 단독 총선을 반대하며 남북 협상을 이끌었어요.
- **김대중** 우리나라 제15대 대통령이에요. 북한과의 평화와 화해를 위해 노력한 공로로 2000년에 노벨 평화상을 받았어요.
- **김영삼** 우리나라 제14대 대통령이에요. 5·16 군사 정변 이후에 처음 들어선 민간 정부를 이끌었어요.
- **넬슨 만델라** 남아프리카 공화국 최초의 흑인 대통령이자 인권 운동가예요. 세계 인권 운동의 상징으로, 1993년에 노벨 평화상을 받았어요.
- **니키타 흐루쇼프** 소련의 정치가예요. 스탈린이 죽은 후에 공산당 제1서기가 되었어요. 스탈린을 비판하고 서방 세계와의 긴장 완화를 위해 노력했어요.

넬슨 만델라

- **덩샤오핑** 중국의 정치가예요. 중국 최고 지도자가 된 뒤 중국에 시장주의 경제를 끌어들이고 개방 정책을 추진했어요.
- **레오니트 브레즈네프** 소련의 정치가예요. 1966년에 서기장이 된 후 자본주의 나라와의 긴장 완화를 위해 노력했어요.
- **레흐 바웬사** 폴란드의 정치인이자 자유 노조 지도자예요. 1983년에 노벨 평화상을 수상했으며, 1990년 12월에 폴란드 대통령으로 당선되었어요.
- **로자 파크스** 미국의 민권 운동가예요. 1955년에 백인 버스 승객에게 자리를 양보하지 않아 체포된 일이 민권 운동의 시초가 되었어요.
- **리처드 닉슨** 미국의 제37대 대통령이에요. 중국과 대화하는 등 외교에서 업적을 남겼으나 1974년에 워터게이트 사건으로 대통령직에서 물러났어요.
- **마오쩌둥** 중국의 정치가예요. 1949년에 중화 인민 공화국을 세우고 초대 국가 주석을 지냈어요. 1966년에 문화 대혁명을 일으켜 중국의 문화를 파괴했어요.
- **마틴 루서 킹** 미국의 목사예요. 비폭력주의의 원칙을 지키면서 흑인 차별 철폐 운동에 앞장섰어요. 1964년에 노벨 평화상을 받았어요.
- **무아마르 카다피** 리비아의 군인이자 정치가예요. 1969년부터 42년간 독재 정치를 하다 2011년에 아랍 민주화 운동의 영향으로 쫓겨났어요.

미하일 고르바초프

- **미하일 고르바초프** 러시아의 정치인이에요. 옛 소련 공산당 서기장과 러시아 최초의 대통령을 지냈어요. 페레스트로이카(개혁)를 추진해 소련의 민주화를 시도하고 공산당을 해체했어요. 동서 냉전을 끝내게 한 공로로 1990년에 노벨 평화상을 받았어요.

- **박정희** 군인이자 정치가예요. 5·16 군사 정변을 주도한 후 1963년에 제5대 대통령이 되었어요. 1972년에 10월 유신을 단행하고 경제 발전에 힘썼어요. 대통령 재임 중인 1979년에 사망했어요.
- **보리스 옐친** 러시아의 정치가예요. 대통령이 된 후 급진적인 개혁을 주장했으며, 독립 국가 연합을 결성했어요.
- **빌리 브란트** 독일의 정치가로 서독 수상을 지냈어요. 동독과의 화해를 위해 꾸준히 노력한 공을 인정받아 1971년에 노벨 평화상을 받았어요.
- **사담 후세인** 이라크의 대통령이에요. 쿠웨이트를 침공해 걸프 전쟁을 일으켰어요. 2003년에 미국과의 전쟁에서 붙잡혀 2006년에 사형되었어요.

사담 후세인

- **슬로보단 밀로셰비치** 유고슬라비아의 정치가로, 1989년에 세르비아의 대통령이 되었어요. 세르비아 민족주의를 내세우며 코소보에서 인종 청소를 벌이다가 2000년에 쫓겨났어요.
- **아야톨라 루홀라 호메이니** 이란의 종교 지도자예요. 1979년에 혁명을 일으켜 팔레비 왕을 내쫓고 이슬람 공화국을 세웠어요.
- **아크멧 수카르노** 인도네시아의 정치가이자 초대 대통령이에요. 비동맹 중립 외교로 활약했지만, 의회를 탄압하기도 했어요.
- **안와르 사다트** 이집트의 제2대 대통령이에요. 1970년에 대통령이 된 후 온건 노선으로 중동 평화의 길을 열었어요. 1978년에 노벨 평화상을 받았어요.
- **알렉산드르 둡체크** 체코슬로바키아의 정치가예요. 1968년에 공산당 제1서기가 되어 민주화 개혁을 주도했으나 소련의 점령으로 성공하지 못했어요.

야세르 아라파트

- **야세르 아라파트** 팔레스타인 해방 기구의 의장이자 초대 팔레스타인 자치 정부의 수장이에요. 1994년에 이스라엘과 협정을 맺어 중동에 평화를 가져왔으며, 이 공로를 인정받아 같은 해에 노벨 평화상을 받았어요.
- **여운형** 우리나라 독립운동가이자 언론가예요. 광복 후에 건국 준비 위원회 위원장에 취임해 좌우익의 합작을 위해 노력했어요.
- **요시프 티토** 유고슬라비아의 정치가예요. 유고슬라비아를 독일로부터 해방시키고, 초대 대통령이 되었어요. 독자적인 사회주의 노선을 추진했어요.
- **윈스턴 처칠** 영국의 정치가예요. 수상이 되어 전쟁을 승리로 이끌었어요. 〈제2차 세계 대전 회고록〉으로 1953년에 노벨 문학상을 받았어요.
- **윤보선** 우리나라의 제4대 대통령이에요. 4·19 혁명 후 대통령이 되었지만 5·16 군사 정변으로 인해 1962년에 사임했어요.
- **이승만** 우리나라의 첫 번째 대통령이에요. 미국에서 독립운동을 했으며 광복 후에 대통령으로 취임했어요. 1960년에 장기 집권을 위한 3·15 부정 선거를 한 후 4·19 혁명으로 물러나 하와이로 망명했어요.
- **이오시프 스탈린** 소련의 정치가예요. 레닌이 죽은 후 권력을 잡고 독재적인 방법으로 사회주의 건설을 지도했어요. 냉전 시대를 이끈 중심인물이기도 해요.
- **이츠하크 라빈** 이스라엘의 총리예요. 팔레스타인 해방 기구의 의장 아라파트와 협정을 맺어 중동의 긴장을 완화시켰어요. 1994년에 노벨 평화상을 받았어요.
- **장면** 우리나라의 정치가예요. 4·19 혁명 후 내각 책임제인 제2공화국의 국

무총리를 지냈어요.
- **장제스** 중국의 군인이자 정치가예요. 중화민국의 초대 총통이 되었으나 중국 공산당과의 전투에 패해 정부를 타이완으로 옮겼어요.
- **전두환** 우리나라 군인이자 제12대 대통령이에요. 12·12 군사 정변의 주도자로, 대통령 재임 기간 중 군부 독재라는 비판을 받았어요.
- **전태일** 서울 평화 시장 재단사로 우리나라 노동 운동을 상징하는 인물이에요. 1970년에 근로 기준법 준수를 요구하며 분신했어요.
- **존 F. 케네디** 미국의 제35대 대통령이에요. 1961년에 최연소 대통령으로 취임했으며, 쿠바 사태를 해결했어요.
- **지미 카터** 미국의 제39대 대통령이에요. 퇴임 후 세계 평화와 인권을 위해 노력한 공로가 인정되어 2002년에 노벨 평화상을 받았어요.
- **체 게바라** 아르헨티나 태생의 쿠바 혁명가예요. 카스트로 정권에서 국립 은행 총재, 공업 장관을 지냈어요.
- **피델 카스트로** 쿠바의 정치가이자 혁명가예요. 사회주의 이념 아래 49년간 쿠바를 통치했어요.
- **해리 트루먼** 미국의 제33대 대통령이에요. 제2차 세계 대전을 승리로 끝내고 6·25 전쟁 때 우리나라를 지원했어요.

해리 트루먼

- **호스니 무바라크** 이집트의 군인이자 정치인이에요. 1981년에 대통령이 된 뒤 오랫동안 독재 정치를 하다 국민들의 요구로 2011년 2월에 물러났어요.
- **호찌민** 베트남의 혁명가이자 정치가예요. 베트남 독립 운동을 이끌었으며, 1945년에 베트남 민주 공화국이 세워지자 대통령에 취임했어요.

정리 3 세계사 속 중요 조직

- **관세 및 무역에 관한 일반 협정** 1947년에 관세의 차별 대우를 없애기 위해 각국 대표가 제네바에서 모여 맺은 협정이에요. 가트(GATT)라고도 해요.
- **국제 통화 기금** 1947년에 만든 국제 금융 결제 기관이에요. 가맹국이 낸 돈으로 공동 기금을 만들어 각국이 외화 자금을 원활하게 마련하게 하고, 나아가서는 세계 각국의 경제 발전을 이루기 위해 만들었어요. 아이엠에프(IMF)라고도 해요.
- **그린피스** 1971년에 생긴 국제적 환경 보호 단체예요. 멸종 위기 동물을 보호하고, 핵무기 반대 활동을 목적으로 해요.
- **기후 변화 협약** 이산화탄소를 비롯한 온실가스의 배출을 제한하는 등 지구의 온난화를 막기 위해 맺은 국제 협약이에요. 리우 환경 협약이라고도 해요.
- **남베트남 민족 해방 전선** 남베트남 정부를 무너뜨리고 베트남을 통일할 목적으로 만든 정치 단체예요. 무력 투쟁을 하는 조직으로, 베트콩이라고도 해요.
- **미·소 공동 위원회** 1946년에 미국과 소련의 대표가 서울에서 만든 위원회예요. 한국의 신탁 통치와 완전한 독립 문제를 협의하기 위해 열렸어요.
- **바르샤바 조약 기구** 1955년에 소련을 중심으로 만든 동유럽의 공동 방위 기구예요. 서유럽의 북대서양 조약 기구에 대항하는 게 주요 목적이었어요.
- **북대서양 조약 기구** 서유럽 지역의 집단 안전 보장 기구예요. 1949년에 미국, 영국, 프랑스 등을 회원국으로 만들어졌어요. 나토(NATO)라고도 해요.
- **아프리카 민족 회의** 남아프리카 공화국의 정치 조직이에요. 인종 차별 정책에 대항하고 아프리카 인의 권리를 지키려는 흑인 해방 운동을 했어요.
- **알카에다** 사우디아라비아 출신의 오사마 빈라덴이 이끈 테러 조직이에요.

9·11 테러 등 주로 미국을 표적으로 테러를 벌였어요.
- **이슬람 국가** 극단적인 이슬람 수니파 테러 단체예요. 아이에스(IS)라고도 해요.
- **자유당** 1951년에 이승만을 총재로 창당한 우리나라의 보수 정당 중 하나예요. 독재와 3·15 부정 선거를 저지르다 4·19 혁명으로 붕괴되었어요.
- **지구의 벗** 1969년에 미국에서 만든 환경 보호 단체예요. 지구 온난화 방지와 산림 보존 등을 목표로 활동하고 있어요.
- **탈레반** 1996년에서 2001년까지 아프가니스탄을 지배했던 이슬람 원리주의 무장 세력이에요.
- **홍위병** 중국 문화 대혁명 때 만들어진 학생 조직이에요. 마오쩌둥과 그의 사상을 숭배하여 마오쩌둥 사상에 비판적인 사람들을 공격했어요.

정리4 세계사 속 중요 사건

- **걸프 전쟁** 1990년에 이라크가 쿠웨이트를 침공하자 미국·영국·프랑스 등 34개 다국적군이 이라크를 상대로 벌인 전쟁이에요.
- **교토 의정서** 온실가스의 배출량을 줄이기 위해 맺은 국제 협약이에요.
- **9·11 테러** 2001년 9월 11일 발생한 테러 사건이에요. 미국 뉴욕의 세계 무역 센터 빌딩과 워싱턴의 국방부 건물이 알카에다의 항공기 테러 공격을 받아 세계 무역 센터 빌딩이 무너졌어요.
- **금융 실명제** 은행 예금이나 증권 투자 등 금융 거래를 할 때에 실제 이름으로 해야 하며, 가명이나 무기명 거래는 인정하지 않는 제도예요.
- **대약진 운동** 중국이 경제를 성장시키려고 벌인 전국적인 대중 운동이에요. 1958년에 마오쩌둥이, 1977년에는 화궈펑이 추진했어요.

- **리먼브라더스 사태** 2008년 9월 15일에 미국의 투자 은행 리먼브라더스가 파산하면서 시작된 전 세계의 금융 위기를 말해요.
- **마셜 계획** 제2차 세계 대전 후에 서유럽의 경제 발전을 도와주려는 미국의 유럽 부흥 계획이에요. 미국의 국무 장관인 마셜이 제안했어요.
- **맥마흔 선언** 1915년에 이집트 주재 영국의 고등 판무관 맥마흔이 아랍 인들에게 오스만 제국을 공격해 주면 독립할 수 있게 돕겠다고 한 선언이에요. 전후에 이 선언이 지켜지지 않아 팔레스타인 지역에 갈등을 가져왔어요.
- **모스크바 3국 외상 회의** 1945년 12월에 모스크바에서 열린 미국·영국·소련 삼국의 외무 장관 회의예요. 한반도에 대한 신탁 통치 등이 논의되었어요.
- **반둥 회의** 1955년에 인도네시아 반둥에서 열린 아시아와 아프리카 여러 나라의 국제회의예요. 29개국이 참가해 평화 10원칙을 결의했어요.
- **밸푸어 선언** 1917년에 영국의 외무 장관 밸푸어가 유대 인이 팔레스타인에 그들의 나라를 세울 수 있도록 돕겠다고 한 선언이에요.
- **베를린 봉쇄** 1948년 6월에 소련이 베를린과 서방 진영이 통치하는 서독을 이어 주는 모든 도로와 철도를 끊어 버린 일이에요.
- **사사오입 개헌** 1954년, 당시의 집권당인 자유당이 사사오입의 논리를 적용시켜 헌법 개정안을 불법으로 통과시킨 일을 말해요.
- **사이크스-피코 협정** 1916년에 영국의 사이크스와 프랑스의 피코가 중심이 되어 비밀리에 맺은 협정이에요. 영국, 프랑스, 러시아가 오스만 제국의 영토를 나누어 갖기로 했어요.
- **4·19 혁명** 1960년 4월에 학생을 비롯한 국민들이 이승만 자유당 정부의 독재와 부정부패, 부정 선거에 항의하여 벌인 민주 항쟁이에요.
- **10월 유신** 1972년 10월에 박정희 대통령의 특별 선언으로 유신 헌법이 공포

4·19 혁명

된 일이에요. 이로 인해 대통령의 권한이 강화되었어요.
- **10·26 사건** 1979년 10월 26일에 중앙정보부장 김재규가 대통령 박정희를 살해한 사건이에요.
- **12·12 사태** 1979년 12월 12일 전두환과 노태우 등이 이끌던 신군부 세력이 일으킨 군사 반란 사건이에요.
- **아랍의 봄** 2010년 12월에 튀니지에서 시작되어 아랍·중동 국가 및 북아프리카 일대로 퍼져 나간 민주화 운동을 말해요.
- **아프가니스탄 침공** 냉전 시대인 1979년에 소련이 이슬람 무장 저항군과 내전 중인 사회주의 정권을 돕기 위해 아프가니스탄을 쳐들어간 일이에요.
- **오슬로 평화 협정** 1993년에 노르웨이 오슬로에서 이스라엘의 라빈 총리와 팔레스타인 해방 기구의 아라파트 의장이 맺은 협정이에요. 두 지도자는 요르단 강 서안 지구와 가자 지구에 팔레스타인 자치 정부를 세우기로 했어요.

- **우루과이 라운드** 세계 무역 질서를 세우고 보호 무역주의를 철폐할 목적으로 이루어진 협상이에요. 1986년에 우루과이에서 처음 만나고, 1993년에 타결되었어요.
- **6월 민주 항쟁** 1987년 6월에 대한민국 전국에서 일어난 반독재, 민주화 시위예요. 그 결과 대통령 직선제 개헌을 이루었어요.
- **6·25 전쟁** 1950년 6월 25일 새벽에 북한군이 북위 38도선 이남으로 기습 침공해 일어난 전쟁이에요. 1953년 7월 27일에 휴전이 이루어졌어요.
- **6·15 남북 공동 성명** 2000년 6월 15일에 남북 정상 회담을 가진 김대중 대통령과 김정일 국방 위원장이 발표한 남북 공동 선언이에요.
- **이란 혁명** 1979년에 이란에서 일어난 혁명이에요. 이슬람교 시아파 지도자 호메이니의 지도로 팔레비 왕을 쫓아내고 이란 이슬람 공화국을 세웠어요.
- **이란·이라크 전쟁** 1980년에 샤트알아랍 강 등 이란과 이라크 사이의 국경을 둘러싸고 일어난 전쟁이에요. 미국 도움을 받은 이라크의 승리로 끝났어요.
- **인천 상륙 작전** 1950년 9월 15일에 유엔군이 북한이 차지한 인천에 상륙해 6·25 전쟁의 전세를 뒤바꾼 군사 작전이에요. 미국의 맥아더가 지휘했어요.
- **1·4 후퇴** 6·25 전쟁 때 압록강과 두만강 유역까지 올라갔던 국군과 유엔군이 중국군의 개입으로 다시 서울을 내주고 남쪽으로 밀려 내려간 사건이에요.
- **재스민 혁명** 2010년 12월에 독재 정권에 반대해 일어난 튀니지의 민주화 혁명을 말해요. 튀니지에 흔한 꽃인 재스민에서 이름을 따왔어요.
- **제1차 인도차이나 전쟁** 1946년에 베트남 민주 공화국이 프랑스를 쫓아내고 독립하기 위해 7년 동안 싸운 전쟁이에요.
- **제2차 인도차이나 전쟁** 베트남이 통일 과정에서 미국과 벌인 전쟁이에요.

미군 철수 후 1975년에 남베트남 정부가 항복해 베트남이 통일되었어요.
- **제1차 중동 전쟁** 1948년에 이스라엘이 팔레스타인 지역에 나라를 세우자 주변 아랍 국가들이 이스라엘을 공격한 일이에요.
- **제2차 중동 전쟁** 1956년에 이집트가 수에즈 운하를 국유화하자 이스라엘이 영국, 프랑스와 함께 이집트의 시나이 반도를 공격한 일이에요.
- **제3차 중동 전쟁** 1967년에 이스라엘이 시리아를 공격한 일이에요. 이스라엘은 시나이 반도, 요르단 강의 서쪽 기슭, 골란 고원을 차지했어요.
- **제4차 중동 전쟁** 1973년에 이집트와 시리아가 제3차 중동 전쟁 때 빼앗긴 땅을 찾기 위해 이스라엘을 공격한 일이에요.
- **제주 4·3 사건** 1948년 4월 3일에 제주도에서 일어난 사건이에요. 남한의 단독 선거를 반대하며 일어난 봉기를 경찰이 진압하면서 수많은 주민이 억울하게 희생당했어요.
- **7·4 공동 성명** 1972년 7월 4일에 남북한 당국이 분단 이후 처음으로 통일과 관련해 합의 발표한 역사적인 공동 성명이에요.
- **캠프 데이비드 협정** 1978년에 미국의 대통령 별장인 캠프 데이비드에서 카터 대통령의 중재로 이스라엘과 이집트가 중동 평화를 위해 맺은 협정이에요.
- **테러와의 전쟁** 9·11 테러 이후에 미국이 아프가니스탄의 탈레반 정권, 세계 각지의 알카에다 세력과 그들의 협조 단체를 상대로 벌인 전쟁을 말해요.
- **통킹 만 사건** 1964년에 베트남 동쪽 통킹 만에서 북베트남의 배와 미 해군의 배가 전투를 벌인 일을 말해요.
- **트루먼 독트린** 1947년에 미국의 트루먼 대통령이 공산주의 진영의 세력으로부터 자유와 독립을 지켜야 한다고 선언한 외교 정책의 원칙이에요.

찾아보기

ㄱ
가가린 108
가자 시티 85
가트 (GATT) 100
간디 45
개성 공업 지구 146
걸프 전쟁 77
경부 고속 도로 133
경제 개발 5개년 개획 133
계엄 137
고르바초프 51
골란 고원 67, 85
공산당 서기장 51
관세 및 무역에 관한 일반 협정 100
교토 의정서 155
9·11 테러 79
국가 재건 최고 회의 130
국립 4·19 민주 묘지 128
국립 5·18 민주 묘지 138
국민당 30
국민의 정부 143
국제 공산당 정보국 24
국제 통화 기금 142
그린피스 157
글라스노스트 52
금 모으기 운동 143
금융 실명제 142
기후 변화 협약 155
김구 118, 121

김규식 120
김대중 136, 143
김영삼 140
김일성 121
김정일 144
김주열 127

ㄴ
나사(NASA) 108
나세르 45, 66
나토(NATO) 29
나프타(NAFATA) 95
난사 군도 172
남미 공동 시장 98
남베트남 민족 해방 전선 41
남베트남 반공 정부 41
내각 책임제 128
냉전 23
네루 45
노무현 145
노태우 137, 140
뉴욕 증권 거래소 179
닉슨 43 ,46

ㄷ
대량 살상 무기 83
대만 31
대약진 운동 32
대통령 직선제 140
대한민국 34

댜오위다오 열도 173
더블유티오(WTO) 102
덩샤오핑 44, 47
데클레르크 159
독립 국가 연합 55
독일 민주주의 공화국 27
독일 연방 공화국 27
돌리 111
동남아시아 국가 연합 92
동방 세계 24
동서 진영 24
동유럽 경제 상호 원조 회의 24
둡체크 49
디엔비엔푸 56

ㄹ
라빈 72
라이카 107
런던 스모그 사건 152
로스앤젤레스 폭동 161
룩셈부르크 113
리먼브라더스 177

ㅁ
마셜 24
마셜 계획 24
마오쩌둥 30, 44
마이크로소프트사 106
만델라 158
맥마흔 60

맥마흔 선언 60
맥아더 35
메르코수르(MERCOSUR) 98
멕시코 만 183
모스크바 3국 외상 회의 118
무바라크 169
문민 정부 142
문화 대혁명 44
미군정 시대 118
미·소 공동 위원회 118
미국 항공 우주국 108
밀로셰비치 164

ㅂ

바르샤바 조약 기구 29
바미안 석불 81
바웬사 49
박근혜 147
박정희 129
박종철 140
반둥 회의 45
발췌 개헌 125
밸푸어 선언 61
베긴 71
베를린 봉쇄 26
베를린 장벽 28
베트남 민주 공화국 41
베트남 전쟁 42, 131
베트남국 41
베트콩 41

벤 알리 169
보스니아헤르체고비나 내전 163
보스토크 1호 108
보이저 1호 110
보팔 183
보팔 독가스 누출 사고 155
복제 110
부·마 민주 항쟁 137
부분적 핵 실험 금지 조약 39
부시 81
북대서양 조약 기구 29
북미 자유 무역 협정 95
브란트 46
브레즈네프 46
브뤼셀 112
브리그 110
비동맹 세력 45
빈라덴 81
빈부 격차 181

ㅅ

사다트 71
사사오입 개헌 126
사이크스-피코 협정 61
4·19 혁명 128
3·15 부정 선거 126
삼풍 백화점 142
상설 중재 재판소 173
새마을 운동 133
샤론 73

샤트알아랍 강 75
서방 세계 24
서브프라임 모기지론 178
서울 올림픽 대회 141
세계 무역 기구 102
세계 무역 센터 79
세계화 103
센카쿠 열도 173
소프트웨어 106
수니파 75
수에즈 운하 65, 84
수에즈 전쟁 66
수카르노 45
쉬망 88
슈토프 46
스레브레니차 무덤 164
스모그 152
스트라스부르 113
스푸트니크 1호 107
시나이 전쟁 66
시리아 난민 171
시리아 내전 168
시아파 75
10월 유신 136
신군부 137
신익희 126
신탁 통치 118
10·4 선언 146
10·26 사건 137
12·12 사태 137

ㅇ

아라파트 66, 72
아랍의 봄 168
아랍-이스라엘 전쟁 65
아사드 171
아세안(ASEAN) 92
아세안 자유 무역 협정 93
아시아·태평양 경제 협력체 94
아이비엠사 106
아이에스(IS) 168
아이엠에프(IMF) 143
아파르트헤이트 157
아폴로 11호 108
아프리카 민족 회의 158
아프리카 연합 99
아프리카 통일 기구 98
아프리카의 해 98
아프타(AFTA) 93
알리 압둘라 살레 171
알카에다 81
암스트롱 108
애플사 106
에니악 104
에드삭 105
에이펙(APEC) 94
여운형 116
연대 50
예루살렘 63
예리코 85
옐친 53

오바마 161
오슬로 평화 협정 72
5·16 군사 정변 129
5·16 쿠데타 129
5·18 광주 민주화 운동 138
온실가스 153
올드린 108
외환 위기 142
우루과이 라운드 101
우익 119
우주 망원경 허블 109
우주 왕복선 108
월드 와이드 웹 106
월스트리트 179
웹 106
유고슬라비아 20
유고슬라비아 사회주의 연방 공화국 163
유니언 카바이드 155
유라톰(EURATOM) 88
유럽 공동 시장 88
유럽 공동체 89
유럽 사법 재판소 90
유럽 석탄 철강 공동체 88
유럽 연합 89
유럽 연합 본부 89
유럽 원자력 공동체 88
유럽 의회 90
유로화 90
유신 헌법 136

6월 민주 항쟁 140
6·29 민주화 선언 140
6·25 전쟁 34, 124
6·15 남북 공동 선언 144
6일 전쟁 68
윤보선 129
이기붕 126
이란 혁명 74
이란·이라크 전쟁 70, 75
이명박 147
이스라엘 공화국 63
이슬람 국가 168
이승만 118, 120
이시(EC) 89
이시에스시(ECSC) 88
이유(EU) 89
이이시(ECC) 88
2차 인티파다 73
이한열 140
인민 해방군 31
인종 차별 157
인종 청소 163
인천 상륙 작전 36
1·4 후퇴 36
일일생활권 134
1차 인티파다 72
임진각 148

ㅈ

자유 노조 운동 49

작은 용광로 32
장면 129
장제스 30
재스민 혁명 169
전두환 137
전태일 134
제1차 석유 파동 70
제1차 인도차이나 전쟁 41
제1차 중동 전쟁 64
제2공화국 129
제2차 석유 파동 70, 74
제2차 인도차이나 전쟁 42
제2차 중동 전쟁 65
제3공화국 130
제3세계 45
제3차 중동 전쟁 67
제4차 중동 전쟁 69
제5공화국 139
제주 4·3 사건 121
제헌 국회 122
조병옥 126
조선 건국 동맹 116
조선 건국 준비 위원회 116
조선 민주주의 인민 공화국 34, 123
조어도 173
좌우 합작 운동 120
좌익 119
죽의 장막 21
중동 64

중화 인민 공화국 31
지구 온난화 153
지구의 벗 157
지구촌 107
쯔엉사 군도 172

ㅊ
참여 정부 145
챌린저호 108
처칠 21
철원 노동당사 149
철원 승일교 149
철의 장막 21
체 게바라 37
체르노빌 182
체르노빌 원자력 발전소 사고 155
체첸 165
최규하 137
7·4 공동 성명 136

ㅋ
카다피 170
카슈미르 173
카스트로 37
카터 71
칼라얀 군도 172
캠프 데이비드 71
캠프 데이비드 협정 71
컬럼비아호 108

컴퓨터 운영 체제 106
케네디 39
코메콘 24
코민포름 24
코소보 내전 164
쿠바 37
쿠바 미사일 위기 39
킹 159

ㅌ
타이완 31
탄핵 소추안 146
탈레반 81
테러 69
테러와의 전쟁 81, 166
통일 주체 국민 회의 136
통킹 만 사건 42
튀니지 혁명 169
트루먼 21
트루먼 독트린 21
티베트 민족 166
티토 20, 162
티피피(TPP) 95

ㅍ
파이어니어 10호 109
파크스 159
판문점 공동 경비 구역 149
팔레스타인 자치 정부 72
팔레스타인 전쟁 65

팔레스타인 지역 60
팔레스타인 해방 기구 66
페레스트로이카 52
평화 10원칙 46
포클랜드 전쟁 171
포클랜드 제도 171
프라하의 봄 49
프랑크푸르트암마인 113
피엘오(PLO) 66

ㅎ

하노이 57
하드웨어 106
하이퐁 57
한·일 기본 조약 131
한·일 월드컵 축구 대회 145
한·일 협정 131
해수면 154
호메이니 74
호찌민 40

호찌민(도시) 57
환태평양 경제 동반자 협정 95
환태평양 전략적 경제 동반자 협정 95
후사인 60
후세인 74
후쿠시마 183
휴전 회담 36
흐루쇼프 31, 39
히틀러 20

세계사 ⑩ 사진제공

표지 셔터스톡, 위키미디어 공용 | 18p 위키미디어 공용 | 21p 위키미디어 공용 | 28p 위키미디어 공용 | 30p 위키미디어 공용 | 32p 위키미디어 공용 | 35p 위키미디어 공용 | 36p 위키미디어 공용 | 37p 위키미디어 공용 | 39p 위키미디어 공용 | 40p 위키미디어 공용 | 44p 위키미디어 공용 | 45p 위키미디어 공용 | 46p 위키미디어 공용 | 49p 위키미디어 공용 | 51p 위키미디어 공용 | 53p 위키미디어 공용 | 56p 셔터스톡 | 57p 셔터스톡 | 58p 셔터스톡, 위키미디어 공용 | 65p 셔터스톡 | 66p 위키미디어 공용 | 67p 셔터스톡 | 71p 위키미디어 공용 | 74p 위키미디어 공용 | 77p 위키미디어 공용 | 79p 위키미디어 공용 | 81p 위키미디어 공용 | 84p 위키미디어 공용, 셔터스톡 | 85p 셔터스톡 | 86p 셔터스톡, 위키미디어 공용 | 89p 셔터스톡 | 90p 셔터스톡 | 94p 연합뉴스 | 100p 셔터스톡 | 102p 셔터스톡 | 104p 셔터스톡 | 107p 위키미디어 공용 | 108p 위키미디어 공용 | 111p 위키미디어 공용 | 112p 셔터스톡 | 113p 셔터스톡 | 114p 대한민국역사박물관, 연합뉴스 | 116p 위키미디어 공용 | 118p 위키미디어 공용 | 119p 위키미디어 공용 | 122p 대한민국역사박물관 | 128p 연합뉴스 | 129p 위키미디어 공용 | 133p 연합뉴스 | 139p 연합뉴스 | 142p 위키미디어 공용 | 144p 연합뉴스 | 145p 연합뉴스 | 146p 위키미디어 공용 | 148p 대한민국역사박물관 현대사디지털아카이브 | 149p 위키미디어 공용, 문화재청 | 150p 셔터스톡 | 152p 위키미디어 공용 | 153p 셔터스톡 | 154p 셔터스톡 | 156p 셔터스톡 | 158p 셔터스톡 | 159p 위키미디어 공용 | 164p 위키미디어 공용 | 169p 위키미디어 공용 | 173p 셔터스톡 | 179p 셔터스톡 | 182p 위키미디어 공용 | 183p 셔터스톡, 위키미디어 공용